O Executivo E O Canoeiro

Liderança
Desconstruir para Construir

Reginah Araujo

O Executivo E O Canoeiro

Liderança
Desconstruir para Construir

QUALITYMARK

Copyright© 2014 by Reginah Araujo

Todos os direitos desta edição reservados à Qualitymark Editora Ltda.
É proibida a duplicação ou reprodução deste volume, ou parte do mesmo, sob qualquer meio, sem autorização expressa da Editora.

Direção Editorial	Produção Editorial
SAIDUL RAHMAN MAHOMED editor@qualitymark.com.br	EQUIPE QUALITYMARK
Capa	Editoração Eletrônica
EQUIPE QUALITYMARK	PSDESIGN

CIP-Brasil. Catalogação-na-fonte
Sindicato Nacional dos Editores de Livros, RJ

A687e

Araujo, Reginah
O executivo e o canoeiro : liderança: desconstruir para construir / Reginah Araujo. – 1. ed. – Rio de Janeiro : Qualitymark Editora, 2014.
200 p. ; 21 cm.

Inclui bibliografia
ISBN 978-85-414-0172-2

1. Liderança. 2. Administração. I. Título.

14-14007   CDD: 658.4092
                                                                        CDU: 65:316.46

2014
IMPRESSO NO BRASIL

Qualitymark Editora Ltda.   QualityPhone: 0800-0263311
Rua Teixeira Júnior, 441 – São Cristovão   www.qualitymark.com.br
20921-405 – Rio de Janeiro – RJ   E-mail: quality@qualitymark.com.br
Tel.: (21) 3295-9800   Fax: (21) 3295-9824

Para Quem é Este Livro?

- Para aqueles que jamais esquecem que a verdadeira liderança começa por si mesmos.
- Para os que entendem que na vida temos desculpas ou resultados.
- Para aqueles que sabem que a única coisa que temos certeza nesta vida é da mudança.
- Para pessoas que compreendem que somos resultado de nossas escolhas.
- Para os que buscam em si a mudança que esperam no mundo.
- Para os que sabem que é melhor ser liderado por um leão do que por um exército de ovelhas.
- Para aqueles que entendem que de vez em quando temos que ser como tapetes, muito sacudidos, para assim permanecermos mais limpos.
- Para os que sabem que uma excelente reunião é aquela em que saímos roucos de tanto ouvir.
- Para pessoas que compreendem, sem resistência, que teremos sempre de pagar um "preço" para atingir nossos objetivos.
- Para os que se preparam para a guerra e assim defendem sua paz.
- Para todos os que entendem que a honestidade e a ética é sempre a melhor política.

- Para aqueles que sabem que só devemos pedir ao próximo aquilo o que concederíamos ao outro sem medo algum.
- Para os que sabem que ficar de braços cruzados é o primeiro passo do fracasso.
- Para todos que riem de tudo, porque sorrindo, tudo fica muito mais fácil.
- Para os amigos dos inimigos e os inimigos dos amigos, porque ter todos por perto é inteligente, prudente e nos faz verdadeiros líderes.

Ou também para aquelas pessoas inteligentes que "não sabem de nada disso" e entendem que precisam aprender tudo isso e muito mais.

Recomendação final

Comece a ler o *Executivo e o Canoeiro* de copo vazio, porque se comparar, julgar, avaliar antes do final do livro, o copo vai transbordar rapidamente.

"Navegar é preciso...
Viver não é preciso!"
Fernando Pessoa

"Não tenha receio dos temporais, eles nos ensinam a ser cuidadosos ao navegar."

Agradecimento especial

A meu pai, Mario Alves de Araújo (*in memoriam*), que me ensinou que a maior liderança é o exemplo. Ele foi um homem que viveu entusiasticamente todos os seus dias, me proporcionando forças de passá-la aos meus filhos, Luiz Felipe e Fernando, que me formaram uma "líder de mim mesma", pela força das escolhas que tive de fazer para me tornar sempre ética e merecedora de ser a mãe que faz o que diz.

À minha mãe, Aurora Araújo (*in memoriam*), que me ensinou somente depois de sua partida, que nesta vida nada, absolutamente nada, nos pertence, tudo nos é emprestado, que a única coisa que é nossa são nossos pensamentos, e que deles podemos reger nossa história.

Ao meu AMOR, Luis Vicente, porque me ensinou a ser uma líder de minhas escolhas, com determinação, coragem, aprendendo a aceitar meus erros e saborear os acertos.

Aos meus alunos, pois me motivam a ser cada dia melhor.

Quem é Reginah Araújo?

Administradora de Empresas com MBA em Gestão Empresarial, Escritora, *Coach*, Especialista em Marketing, Psicodramatista Organizacional, Master em Programação Neurolinguística, Terapeuta Comportamental, Instrutora e diretora dos Cursos *Master Mind* com metodologia da Harvard Businnes School e com anuência do Instituto Napoleon Hill, EUA.

Capacita funcionários no setor público e privado com técnicas vivenciais através de dinâmicas individuais e em grupo.

É ganhadora do prêmio *TOP OF BUSINESS* – 2011 como melhor Palestrante Motivacional. Foi Palestrante dos Cruzeiros MSC Orchestra, Conferencista da Maior Feira de Supermercados do mundo APAS e do CONARH Congresso Nacional de Recursos Humanos.

Colunista da Catho online e do Macaé News. Foi tema dos programas Mais Você com Ana Maria Braga, Hoje em Dia da Rede Record, Todo Seu com Ronnie Von, Viver e Conviver, programa Boris Casoy e do Sem Censura da entrevistadora Leda Nagle, falando sobre bom humor, relacionamento interpessoal, trabalho em equipe e a Lei da Atração (O Segredo).

Reginah também foi tema de algumas revistas, jornais e rádios: *O Globo*, no Rio de Janeiro, *Você S/A*, Motivação, Profissionalismo e Sucesso, Vencer, *A Tribuna* de Santos e Vitória, *Jornal O Debate*, *AT Revista*, *Expresso Popular*, *Jornal da Orla*, *Boqueirão News*, Rádios CBN de Brasília, Globo, Tupi, Nacional de Brasília, entre outras.

Alguns dos clientes da Reginah Araújo: Governo de Angola, TV e rádio TPA em Angola. Em Portugal: New Way Elite, entre outros. Foi *coach* e assessora política do cantor e vice-prefeito de São Bernardo do Campo (SP), Frank Aguiar.

Atualmente, é diretora e instrutora dos Cursos *Master Mind* no Norte Fluminense e diretora do escritório virtual Master Business Center, diretora e apresentadora do Programa Master Business na TV Costa do Sol, autora do Livro *A arte de Pagar Micos e king Kongs – Viver sem Culpas*.

Prefácio

O escritor francês Antoine de Rivarol dizia que: "É mais fácil para a imaginação compor um inferno com a dor do que um paraíso com o prazer". *Parece ser isto que o Executivo Jordan quis fazer ao "TER" de viver em um lugar que parece o paraíso, mas com sua teimosia, pode virar um inferno.* Com o tempo, nos tornamos aquilo que sempre fomos, trazemos dentro de nós aquilo que encontramos ao longo da vida, nos ensina Reginah através de seu personagem.

Este livro merece um prefácio curto para que você comece logo a ler as páginas que seguem. A escritora, o personagem e a história fazem uma troca de verdades, filosofias, psicanálise e ficções entre si que nos encantam e emocionam. Reginah Araújo, uma executiva "de mão cheia", tem a mente milionária, pensa grande, é audaciosa e, ao longo do livro **O Executivo e o Canoeiro**, consegue encontrar flores neste deserto árido do mundo dos negócios, onde o senso de urgência, a pressão por metas e os resultados são a tônica.

Ultrapassa uma década o tempo que conheço Reginah Araújo. Tempo é relativo, já nos ensinava Albert Einstein. Quinze segundos em cima de uma chapa quente parece uma hora. Uma hora namorando no portão parece quinze segundos. Parece que nos conhecemos desde sempre. Reginah é mulher de fibra, guerreira, estudiosa, com espírito aberto e disposição para o crescimento. É uma alquimista contemporânea, não se contenta com a superficialidade, vai a fundo em suas pesquisas. Como Palestrante e Instrutora do curso *MASTER MIND*, leva seus participantes a uma jornada transformacional através do método do pesquisador Napoleon Hill. Eu tenho muito orgulho de tê-la no exército que está auxiliando o Brasil a ser a pérola deste século.

Da mesma maneira que se conta a história do Cristianismo contando a história de um cristão, conta-se a história da humanidade contando a história de uma pessoa. Reginah Araújo conta a história da vida de todos nós, homens e mulheres de negócios, através do seu livro **O Executivo e o Canoeiro**.

Siga em frente, dê o próximo passo e desfrute do que se chama no mundo dos negócios de "o benefício da coisa andando".

Saudações *MASTER MIND*!

Jamil Albuquerque
Autor do livro *A Arte de Lidar com Pessoas* e Presidente da Fundação NAPOLEON HILL para a língua portuguesa.

Sinopse

Fama, sucesso, poder, riqueza e dinheiro. O que é importante na vida de alguém? O que uma pessoa é capaz de fazer para conseguir estar no topo? Esta é a história de Jordan Danvers, um poderoso executivo que não mede consequências para fazer o que quiser a hora que desejar. Sendo do tipo que trabalha o tempo todo e nunca tem tempo para família e si mesmo, Jordan sempre busca enriquecer cada vez mais, só para demonstrar todo o seu poder.

Até que, um dia, fugindo de seus problemas, como sempre, Jordan sofre um acidente e vai parar numa ilha misteriosa, onde um pescador parece ter muita coisa pra ensinar. E agora? O que vai acontecer? Como um homem rico acostumado com luxo e elegância reagirá num mundo onde tudo é simples, humilde e de boa convivência? Como viver em um lugar que pode ser o paraíso, mas com sua teimosia, é capaz de virar um inferno?

Acompanhe Jordan se aventurar numa tentativa de corrigir seus erros e superar seus traumas, numa história repleta de lições de liderança, autocontrole e disciplina.

Reginah Araújo

Sumário

Para Quem é Este Livro?.. V
Recomendação final... VII
Quem é Reginah Araújo?.. XI
Prefácio.. XIII
Sinopse.. XV
Capítulo Um – O Caos e a Loucura..................................... 1
Capítulo Dois – O Tempo É o Senhor de Todas
as Verdades e Mentiras... 13
Capítulo Três – As Consequências dos Erros..................... 23
Capítulo Quatro – O Passado Remete ao Futuro............... 31
Capítulo Cinco – Uma Nova Chance................................. 37
Capítulo Seis – O Pescador.. 47
Capítulo Sete – O Treinamento... 53
Capítulo Oito – O Autorrespeito É a Raiz da Disciplina.... 61
Capítulo Nove – Cair para Se Levantar............................. 69
Capítulo Dez – Aproveite Bem o Dia................................ 79
Capítulo Onze – O Preço da Desobediência..................... 85
Capítulo Doze – Faça Mais que o Combinado.................. 93
Capítulo Treze – A Regra de Ouro.................................... 107
Capítulo Quatorze – Os Problemas do Passado................ 119
Capítulo Quinze – Lembranças... 125

Capítulo Dezesseis – Momentos de Terror 133
Capítulo Dezessete – Segredos 141
Capítulo Dezoito – Recuperação 147
Capítulo Dezenove – Um Novo Estilo de Vida 153
Capítulo Vinte – Pesadelos 161
Capítulo Vinte e Um – Ser um Cidadão Honesto
ou um Corrupto É Só uma Questão de Querer! 167
Capítulo Vinte e Dois – Somos o que Pensamos. 175

Capítulo Um

O Caos e a Loucura

"*Todos nós temos medo do caos, temos horror do desconhecido, ficamos angustiados diante da falta de respostas e, nessa hora, nos deparamos com nossa própria loucura, quando as coisas nos fogem do controle e nos encontramos com nós mesmos. Você queria o melhor ou o pior de mim? Porque agora você conhece os dois.*" **Jordan Danvers**

2 ■ O Executivo e o Canoeiro

Uma jovem loira se aproxima do edifício Danvers e as portas automáticas se abrem para ela. Um minuto depois de dar uma olhada por todo o prédio de trinta andares, coberto por enormes janelas de vidro espelhado e aço, ela entra e encontra a portaria, onde uma secretária a observa curiosamente atrás de um balcão rústico de madeira escura.

– Eu estou aqui para ver o Dr. Danvers. Meu nome é Nancy Müller. – ela diz ao se aproximar do balcão.

– Ah, com licença, um momento, Srta. Muller. – a secretária, que segundo seu crachá em seu blazer se chama Elizabeth, arqueia sua sobrancelha enquanto pega um telefone na sua mesa e disca alguns números.

Elizabeth informa sobre Nancy, diz uma porção de "aham", "sim" e "tudo bem" e desliga o telefone.

– Por favor, registre-se aqui, Srta. Muller, o Dr. Danvers está lhe esperando. – Elizabeth lhe entrega uma prancheta com papéis para assinar. – O escritório dele fica no trigésimo andar, é só você pegar o primeiro elevador à direita.

Nancy agradece e vai até o elevador, que a leva rapidamente até o seu destino. Quando as portas deslizam, Nancy encontra uma sala de espera e mais uma secretária atrás de seu balcão, desta vez chamada Thereza, que se levanta de seu lugar para saudá-la.

– Srta. Müller, poderia esperar aqui, por favor? –Thereza aponta para uma área no canto da sala com cadeiras de couro branco. – O Dr. Danvers já vai atendê-la.

Cinco minutos depois, Thereza recebe uma ligação e informa que Nancy pode entrar. Perto do balcão, uma porta se abre para ela e Nancy entra.

A sala do Dr. Danvers é luxuosa e arrumada, como se tivesse sido planejada por anos. Atrás da mesa, as janelas vão do teto ao chão revelando uma bela paisagem de Nova York, e numa das paredes, um enorme quadro de George Washington parece observar cada um dos seus movimentos.

Um homem na sala se levanta de sua cadeira para cumprimentá-la.

– Bom dia, Srta. Müller. – ele diz.
– Bom dia, Dr. Danvers. – ela responde, analisando-o dos pés a cabeça.

Já tinha o visto muitas vezes na televisão ou em revistas de finanças, e ele era exatamente como ela esperava que fosse. Alto, possuía um ar enigmático e o fato de seus cabelos começarem a ganhar uma tonalidade prata deixava-o muito charmoso. Apesar de já ter mais de cinquenta anos, ninguém daria mais que quarenta para ele.

Jordan Danvers mostrava o exemplo vivo nacional de sucesso. Milionário, inteligente, sagaz, presidente de uma das maiores incorporadoras, construtoras e empresas imobiliárias do mundo. A cada dia era anunciado um novo prédio ou uma nova construção da marca, tornando-o um dos homens mais bem-sucedidos do país.

– Eu estou muito motivada para escrever sua biografia. – comenta Nancy. – Será um grande desafio para minha carreira de jornalista.

– Vamos deixar claro logo de início que eu sou direto e sem rodeios. – ele se encosta em sua cadeira, empurrando-a para trás, mas sem perder toda a sua postura. – Trabalhar comigo não será nem um pouco fácil.

– Eu não vou dizer que eu *acho* que consigo trabalhar com o senhor porque o verbo "achar" não existe no meu vocabulário. Eu *sei* que vou conseguir.

– Hm, você tem bastante autoconfiança.
– Todos nós precisamos ter.

– Só quero que entenda, Srta. Müller, que eu poderia ter contratado o melhor *Ghost Writer* do mercado, mas a selecionei porque, em seus artigos, a Srta. escreve o que penso, é sempre direta, muitas vezes dura e inflexível em seus pontos de vista. Paguei o que me pediu, portanto não tenho tempo a perder, eu vou ser claro e quero o mesmo.

– Não se preocupe com isso, Dr. Danvers. Não se arrependerá por ter me contratado.

– Eu realmente espero por isso. Estou prestes a perder tudo o que tenho, dinheiro, poder, liberdade, casamento, portanto, neste momento, tudo o que desejo é um livro que possa manter minha imagem de alto executivo confiável no mercado como sempre fui. Isso manterá minhas ações em alta. Como eu disse ao telefone quando entrei em contato, tenho pressa. Quero este livro em 15 dias editado. Só vou conseguir passar por este tornado se seu livro vender minha imagem de uma maneira convincente.

– Ok. Vamos iniciar então. – ela mexe em sua bolsa e tira seu *Tablet* de lá. Abre um editor de texto e olha para ele outra vez. – Pode me contar sobre seu passado? Sua infância, adolescência, o que motivou o senhor a chegar aqui... vamos precisar de tudo para o livro.

– Eu não penso que... – ele é interrompido com alguém batendo à porta.

É Thereza. Ela entra na sala com o rosto vermelho e as mãos trêmulas. Só de olhar para ela, Nancy percebe imediatamente que algo está errado.

– Dr. Danvers, eu...

Jordan faz um gesto brusco para que Thereza saia da sala sem olhar para ela. A secretária permanece de pé ao lado da mesa com nítida dificuldade, o que faz Jordan perder a paciência e finalmente olhar para ela, irritado. Ela, que está pálida, se senta na cadeira ao lado de Nancy.

– O que se passa com você? Já te falei para sair! Quer perder seu empreguinho? – ele é ríspido e parece surpreso por ela ter a audácia de se sentar ali.

– Dr. Danvers, lá fora estão dois policiais federais com ordem de prisão para o senhor, o que eu faço?

Para Jordan, o mundo parece parar por alguns segundos. Ele fica ali parado, olhando para sua mesa e seus papéis, sem dizer nada, mal conseguindo respirar, enquanto sua mente gira atrás de uma solução.

Ele se levanta da cadeira depressa e vai até a janela, esperando que a cidade de Manhattan, enfeitada com todos os prédios luxuosos, lhe desse algum milagre ou alguma saída. Muitas vezes tinha parado em frente à janela para pensar e refletir, sempre chegando a algum resultado. Isso sempre dera a ele a ideia de uma cidade com um toque especial, o de resolver seus dilemas.

Jordan decidiu se mudar para a cidade e gerenciar sua empresa ali porque, como na música de Alicia Keys, Nova York era uma selva de concreto onde os sonhos eram feitos. Além de abrigar seus pontos de interesse, como o Central Park, o Empire State Building, a Times Square e a Brooklyn Bridge, a ponte que une Manhattan ao Brooklyn, a cidade em si sempre o motivava a seguir em frente. Em todos os lados, Jordan podia encontrar as marcas do seu Poder, o que melhorava muito sua imagem, e isso sempre o deixava satisfeito.

– O que disse a eles? – Jordan está muito tenso e sua voz sai rouca e sem vigor, porém, ele não espera que Thereza responda. – Diga que eu estou viajando, vou sair agora pela porta dos fundos. Ligue-me assim que eles forem embora.

– Dr. Jordan, isto não será possível, eu...

Tarde demais. Jordan pega seu sobretudo e sai andando pela sala, gritando para que Nancy o acompanhe. Ela se levanta rapidamente, o que faz seu celular cair debaixo da mesa. Ela tenta se abaixar para pegá-lo, mas Jordan a puxa com força. Ignorando e sabendo que não pode sair sem seu celular, ela tenta outra vez, mas Jordan a encara com fúria.

– Venha logo, sua imprestável, não percebe a gravidade da situação?

Nancy não consegue reagir, totalmente petrificada. Desde que Thereza entrou na sala, começou a sentir um desconforto. Sabia que Jordan era um homem sério, mas não esperava ver a sua arrogância e seu lado autoritário tão cedo.

Com sua bolsa no ombro, ela se deixa ser levada como um robô.

Jordan inesperadamente se aproxima do quadro de George Washington. Como num passe de mágica, o quadro desliza para o lado, como se fosse uma porta de correr. Atrás dele, há uma ampla sala de reunião, com várias cadeiras estofadas de vermelho em volta de uma grande mesa. Numa das paredes, um quadro da Santa Ceia parece saltar aos olhos de tão real. Nancy fica boquiaberta com o que vê, porque não parece que aquele homem arrogante e ganancioso que está ao seu lado tenha o perfil daquele quadro tão elegante e de uma beleza que somente os homens sensíveis teriam a capacidade de apreciar.

Em outra parede, há um enorme quadro com a cidade de Nova York estampada, e como o quadro de George Washington, aquele dali desliza para o lado e Nancy, antes com a impressão de estar realmente na cidade, tem a surpresa ao se deparar com um elevador privativo.

Ela jamais poderia imaginar que ali poderia ser uma saída, logicamente nem os policiais federais. Tinha subestimado a inteligência daquele homem e pensou que, pelo visto, ele não chegou aonde estava à toa.

– Pronto! Estamos a salvo. – ele diz, um pouco mais calmo.

Nancy olha para ele confusa e pensa que não devia estar ali. "Estamos a salvo" não é algo que goste de ouvir, porque ela não fizera absolutamente nada para fugir de policiais federais, e neste momento é cúmplice de alguém que sequer conhece direito.

Perdida nesse problema, ela respira fundo e para um segundo para pensar na sua própria vida. Com apenas 28 anos, uma das poucas coisas que não gosta em si é seu 1,90 m de altura, que sempre foi motivo de chacota entre seus amigos. Sempre vivendo com dificuldades, sabia que estava ali somente porque aquele homem lia seus artigos que publicava no Jornal em que trabalhava há cinco anos, ganhando somente o necessário para pagar a mensalidade de sua faculdade, que fora financiada, e o aluguel de sua casa, onde morava com sua mãe, uma garçonete, fiel aos seus princípios religiosos e seu patrão, de um restaurante há 15 anos. O salário das duas era sempre pouco e tinham de conviver com o senhorio que reclamava todos os meses do atraso do aluguel.

Nancy sempre fora uma jornalista muito correta e inflexível em suas convicções, segundo ela mesma, incorruptível. Criticou publicamente políticos e empresários corruptos, sem escrúpulos e infiéis, divulgando tudo o que faziam de errado. Seus artigos eram sempre polêmicos e questionados por muitos leitores, formando uma divisão entre eles. Havia os que a amavam e os que não queriam vê-la nem pintada de ouro.

Ela costumava criticar o trabalho dos *Ghost Writers*, pois acreditava que todos podem possuir talento se forem bem orientados, e não concordava com seus amigos que escreviam livros sem nunca levarem o mérito.

E impressionantemente, lá estava ela prestes a fazer o que tanto detestava, mais uma correção na sua lista de coisas que dizia que jamais faria. Certa vez ouvira de sua mãe: "Uma coisa é você acreditar que está no caminho certo, outra é ter a certeza de que seu caminho é o único". Aquela frase a estava deixando louca.

O celular de Jordan toca, fazendo-a voltar à realidade. Ele atende e ouve Thereza sussurrar descontroladamente por estar numa crise de nervos.

– Dr. Jordan, eu estou agora no toalete da recepção. Os policiais estão no prédio todo! Ah meu Deus, alguns estão na garagem, perto do seu carro, outros na recepção e dois deles estão na sua sala vasculhando cada canto da sala! Eles estão levando tudo! Todos os computadores, o seu notebook, até mesmo o meu eles levaram! Mexeram em todas as gavetas, na sua pasta, os arquivos! Também me coagiram a contar aonde o senhor foi! Quando eu disse que o senhor viajou, eles perguntaram para onde foi porque querem te seguir! Ah meu Deus, Dr. Jordan, o que eu faço?

Jordan fica mudo por alguns segundos. Não tinha pensado que sua prisão poderia realmente acontecer, aquilo parecia algo incabível. Ele contratara os melhores advogados da região, pagara todas as propinas que lhe pediram e sempre teve o controle de tudo e de todos. Pela segunda vez na vida Jordan não tinha a resposta para dar. Obviamente, ele não podia deixar ninguém saber disso.

– Ligue para os advogados e conte o que está acontecendo. Eu vou ficar aqui até as coisas se acalmarem. Meu celular está com pouca bateria, qualquer coisa ligue para o celular da... – ele olha para Nancy. – Como você se chama mesmo?

Nancy nem se dá ao trabalho de responder o que ele perguntou.

– O senhor não me deixou voltar e pegar meu celular, lembra? – ela age como uma mãe que olha para o filho com cara de "eu avisei".

Jordan respira fundo e volta ao celular.

– Thereza, vou desligar meu celular e te ligo daqui a uma hora para saber como está a situação. Se eles não entrarem na sala George Washington, estaremos salvos.

Jordan se senta no chão e aponta para Nancy fazer o mesmo.

– Nancy... não é? – ele pensa um pouco. – Lembrei-me do seu nome, você tem o mesmo nome que minha primeira professora. Você pode pensar o que quiser desta situação. Todos nós temos medo do caos, temos horror do desconhecido, ficamos angustiados diante da falta de respostas e, nesta hora, nos deparamos com nossa própria loucura, quando as coisas nos fogem do controle e nos encontramos com nós mesmos. Você queria o melhor ou o pior de mim? Porque agora você conhece os dois.

– Seria muito perguntar o que estamos fazendo aqui e por que o senhor está sendo preso?

– Sim, seria, porque isso não vem ao caso agora, são fatos que não importam no nosso livro. Temos pouco tempo, preciso contar o mais importante, já que não sabemos o que vai acontecer daqui a pouco. Para poupar palavras desnecessárias, diga-me o que sabe a meu respeito e eu lhe digo se quero que vá para o livro ou não.

– O senhor é casado com sua primeira namorada de infância, Marie, que já tinha sido casada com um amigo seu da cidadezinha onde nasceram. Sua mulher tem um filho do primeiro casamento, Vincent, e vocês dois tiveram mais uma filha, Julie, de 18 anos.

– Ela não foi minha primeira namorada – ele corrigiu. Esse fato não é importante para colocar no livro, nem que seu falecido marido era meu amigo. Tudo irrelevante.

Nancy pega seu *Tablet* e começa a digitar freneticamente o que ele acabou de falar.

Jordan retira algumas chaves do bolso do sobretudo, sua carteira, um calhamaço de notas de 100 dólares e deixa tudo atrás do seu corpo. Depois tira o casaco e o dobra, colocando-o na cabeça para que possa se encostar com mais conforto.

Nancy também se ajeita e fica de frente para Jordan para poder observá-lo melhor. Havia estudado muito sobre microexpressões por ser um assunto que a fascina, e aquela oportunidade de estar perto de alguém tão poderoso e misterioso era impagável.

Quem é esse homem, afinal? Quais são seus maiores segredos? O que tinha feito para estar naquela situação?

Ela respira profundamente e muda seu tom de voz para parecer mais calma e terna.

– Também sei que tinha uma avó que o criou desde pequeninho. Só não sei do paradeiro de seu pai e sua mãe. O que contam é que o senhor é um homem frio, calculista, ambicioso e sem limites, além de ter os Dedos de Midas.

– "Dedo de Midas". – ele diz de forma irônica. – Midas ganhou o poder de transformar tudo o que tocava em ouro, mas ele ficou tão obcecado pelo seu poder que acabou colocando as duas mãos no rosto e se transformou em uma estátua de ouro. A diferença é que tudo o que eu toco vira prédios, e se fosse pensar assim, segundo a lenda, eu me transformaria então em concreto? Isso daria um bom final para o seu livro diante de suas convicções exacerbadas?

Nancy pensa um pouco, começando a conhecer Jordan. Ele não é apenas frio e calculista, também é muito sarcástico e cruel.

– Talvez sim – ela o desafia. Então continua a dizer o que sabe. – O senhor era neto único e perdeu sua avó quando tinha 11 anos, ficando órfão e indo viver com um tio que o criou até os 14 anos. Por algum motivo, o senhor fugiu e foi morar no fundo de uma lanchonete com ratos e baratas. Trabalhava de dia e estudava à noite.

Jordan fica transtornado. Como aquela mulher sabia detalhes de sua vida que ele fez questão de esquecer? Ele nem se lembrava mais daqueles acontecimentos, o passado era algo que não importava mais. Não fora criado para admirar heróis, até porque bem poucas pessoas que conheceu valeria a pena seguir. Só se lembrava de uma pessoa naquele momento, que sempre admirou muito e sua maneira de viver o motivou a ser esta pessoa forte e persistente que se tornara.

– Não importa o que você seja, quem você seja ou o que deseja na vida, a ousadia em ser diferente reflete na sua personalidade, no seu caráter, naquilo que você é. E é assim que as pessoas se lembrarão de você um dia. Como disse Bob Marley, a verdade é que todo mundo vai te machucar, você só tem de escolher por quem vale a pena sofrer.

A jornalista fica quieta por alguns segundos, presumindo que ele continuará seu pensamento.

– Um dia a tristeza vai embora... Aprendemos a sorrir novamente, fazemos novas amizades. Vemos que todo aquele sofrimento do passado não valeu tanto a pena... Pois se a vida fez as coisas andarem dessa forma, foi porque não era pra ser... Pois se era pra ser o que pensávamos que era, não teríamos tomado rumos diferentes. Teríamos continuado caminhando na mesma direção.

Nancy olha para ele admirada. Não imaginava que ele poderia ser tão profundo ou que o passado seria tão impactante.

– Este foi o pensamento de um grande jovem, Ayrton Senna. Ele era brasileiro e um guerreiro. Nós tínhamos muito em comum. Ele sonhava alto e queria o topo, assim como eu queria o sucesso mais do que tudo. Muitas vezes, pensar nele me motivava a persistir, ainda mais quando todos os caminhos se fechavam à minha frente. Ele nasceu no mesmo dia e ano que eu, talvez por isso eu o admirei tanto. Assisti àquela corrida em 1994 em que ele faleceu e um pouco de mim se foi também, talvez o pouco do romantismo que ainda restara em mim. Nós tínhamos 34 anos naquela época e eu estava literalmente numa encruzilhada entre seguir em frente e ser um dos homens mais prósperos do mundo ou permanecer apenas rico. O Poder e o sucesso sempre me fascinaram.

Há silêncio por algum tempo enquanto Jordan pensa no que acabara de dizer.

Capítulo Um – O Caos e a Loucura ■ 11

– Você é esperta garota. – ele diz, alguns minutos depois. – Como conseguiu essas informações a meu respeito? Poucos sabem sobre meu passado.

Nancy havia vasculhado a vida inteira dele. Desde criança sempre teve certo dom para detetive. Até mesmo pensou em seguir a carreira, antes de fazer jornalismo, no entanto não haveria campo para ganhar dinheiro imediatamente.

Para saber sobre Jordan, ela procurou pessoas na cidade onde ele nasceu e depois de muita pesquisa e conversa, conseguiu as informações com Anny, a dona da única pensão da cidadezinha, uma senhora falante que gostou de saber que o que contaria sairia no jornal. Ela lembrava detalhes da vida de Jordan e de sua avó, só não sabia do segredo em torno do assassinato de sua avó nem do porquê das surras que Jordan levava de seu tio.

Dona Anny, assim chamada pelos vizinhos, tinha um ponto de interrogação porque sempre conhecera a avó de Jordan, Adelle, e sabia de sua honestidade e devoção a Deus, já que era protestante e frequentava a igreja todos os domingos. Adelle tinha, uma filha que provavelmente era a mãe de Jordan e que pouco aparecia. Quando vinha, era com pressa e um carro a esperava na esquina. A mulher era muito bela e detestava o casebre em que viviam sua mãe e o garoto. Depois de um tempo parou de vir, ninguém nunca mais a viu ou ouviu falar dela. Dona Adelle só dizia que ela tinha ido viajar para o exterior e tinha a esperança que um dia voltaria. Os vizinhos contavam que ela havia levado mais duas crianças que viviam na casa, porém Anny duvidava, porque nunca as vira.

O tio na verdade era um vizinho que as pessoas diziam ser o namorado de dona Adelle ou algo parecido. Ele era um homem muito ranzinza que bebia e brigava, sempre nessa ordem.

Quando Nancy termina de contar tudo o que sabe, os olhos de Jordan estão marejados. Ela se espanta em perceber aquela situação estranha, com os dois trancafiados em um elevador e ele ali, se desnudando.

Capítulo Dois

O Tempo É o Senhor de Todas as Verdades e Mentiras

"Somos o resultado do que fazemos de nós mesmos. Todos nós temos um preço, todos nós nos vendemos, até nossa credibilidade pessoal, por muito pouco, muito menos que o político e a prostituta, muitas vezes nos vendemos tão barato." **Jordan Danvers**

Ainda surpresa e sem saber o que fazer, Nancy só consegue esperar que Jordan se recupere e seque suas lágrimas. Isso realmente acontece e Jordan olha para o teto do elevador.

– Costumo sempre pensar que nem tudo são perdas, algumas coisas são "livramentos", está em Mateus 6:13. Mérito seu, dinheiro meu. – ele diz depois de um tempo. – Nada disso pode ser publicado. Diga somente que tive uma infância humilde com minha avó e que minha mãe faleceu quando eu era criança. Minta sobre essa época quando minha avó partiu, fale que eu tinha 16 anos e que depois disso me virei sozinho. É só o que vai publicar sobre o meu passado. Quero que escreva um livro sobre liderança, sobre como ter sucesso, que eu seja um exemplo para as pessoas. Quero quebrar essa imagem que estão fazendo de mim, entende garota?

– Compreendo. E qual é o seu estilo de liderança? O que o senhor tem para ensinar?

Jordan dá uma gargalhada e Nancy fica um pouco assustada. Rir naquela situação era algo que ela jamais poderia imaginar. Ele estava quase chorando até alguns segundos, como podia rir de forma tão autoritária?

– Meu estilo é "Mandacracia". Eu mando e meus funcionários obedecem, simples. Eu tenho o Poder e pago o salário diante do que eu espero que eles façam por mim.

Nancy não acredita no que ouve e começa a pensar naquilo. Já ia escrever algo do qual não gostava e ainda teria de fazê-lo baseado em tamanha idiotice?

– Quero que você escolha um modelo bonito de gestão, desses que você fala nos seus artigos, e coloque-o como se fosse meu. Vai ser uma maneira de eu ficar de bem com a sociedade, por ora.

Nancy assente e faz algumas anotações em seu *Tablet*, para não esquecer o que conversaram ali. Ainda não acredita que vai ter de inventar uma vida perfeita para Jordan, mas não pode discutir. O trabalho dela é apenas escrever.

Duas horas se passam e a situação começa a ficar insustentável. Cansaço, calor, sede, tudo parece piorar cada vez mais. Nancy

Capítulo Dois – O Tempo É o Senhor de Todas as Verdades e Mentiras

descobre que precisa usar o banheiro e começa a se questionar que não deveria estar naquela situação.

– Nancy, por que você aceitou escrever o meu livro se sempre criticou a profissão de *Ghost Writer*?

– Também tenho meus segredos, Sr. Jordan.

Ela não gosta nada daquilo, muito menos de ser questionada em seus valores morais. No entanto, ele estava certo, ela havia cedido.

– Entendo. Somos o resultado do que fazemos de nós mesmos. Todos nós temos um preço, todos nós nos vendemos, até nossa credibilidade pessoal, por muito pouco, muito menos que o político e a prostituta, muitas vezes nos vendemos tão barato. Não sei de você, mas, para mim, a diferença entre um cara que rouba toalha de hotel e um que rouba verba pública é, apenas, a dimensão. O crime em si é o mesmo, assim como o modelo mental.

Nancy não responde na hora, apenas ruboriza. Ela havia se corrompido em seus valores morais ao estar ali com aquele homem num elevador, fugindo dos federais. Não tem muito o que dizer porque ele, no fundo, está certo.

– Eu encontrei a solução para mim e para você Nancy. – ele disse, olhando atentamente para o relógio *Louis Moinet Magistralis* que marcava 19 horas do dia 07 de setembro. – Seu tino de detetive não é exclusividade sua. Eu também tenho um pouco de Sherlock Holmes em mim.

Algum tempo depois, Nancy sai correndo do prédio como um guepardo. Era assim que a chamavam na escola quando corria e ganhava as corridas do colégio, e naquele momento, ela se sentiu realmente desse jeito. Vestida com o sobretudo de Jordan, com cabelos presos por dentro da roupa e a gola escondendo seu rosto, ela corre freneticamente, sem olhar para trás, já que era questão de vida ou morte.

Jordan caminha a passos largos enquanto Nancy despista os federais. Ele sabe que é remota a possibilidade de sair dali sem ser visto, porém a chance de ir preso naquele momento o apavora. Só de pensar em seu Poder nas primeiras páginas do jornal colocado no lixo, prefere mais uma vez a incerteza de ser pego à certeza de ficar e ver todo seu império pessoal ser destruído. Ele só precisa de tempo.

– Táxi! – ele acena para um dos carros amarelos na rua e abre a porta quanto este para. – Leve-me até o Pier 62, na rua West 22, em frente ao Hudson River, no Chelsea. Vou te dar cem dólares se chegar lá o mais rápido possível e se não parar sob nenhuma hipótese.

No táxi, Jordan pensa em ligar para Thereza, porém seu celular tem pouca bateria e ele pede ao motorista permissão para ligar do seu celular e tem a resposta absurda de que ele não tem aparelho, o que o faz escolher entre a secretária, o advogado ou Marie.

Ele se vira para trás e percebe aliviado que conseguiu fugir, pois nenhum policial está correndo na rua.

"Será que Nancy os despistou?", ele pensa, com uma ponta de curiosidade passando pela sua cabeça. Então ele olha para seu pulso sem nada ali. "Droga, aquele relógio vai fazer muita falta".

Um tempo depois, o táxi para e Jordan desce do carro. Ele corre pelo cais até seu iate da *Classic Harbor Line,* inspirado nos modelos dos anos 20, superelegante, confortável e seguro, que ninguém, além de seus familiares e alguns clientes, sabe de sua existência. A ideia dele é ir para uma ilha particular de um amigo que poucos conhecem até seus advogados conseguirem resolver definitivamente seu problema. Fosse comprando, usando, chantageando, não importa como, logo ele estaria livre. Ele era rico o bastante para conseguir comprar qualquer pessoa e seu dinheiro teria de servir pelo menos para livrá-lo da prisão.

Jordan tira o molho de chaves do sobretudo junto com o resto do dinheiro que havia sobrado. Tinha aprendido em uma Palestra que assistira há 20 anos, onde o palestrante dizia que se quiséssemos ser prósperos, deveríamos andar com os bolsos sempre com notas de 100 dólares. Quanto mais notas, maior seria a prosperidade, pois, segundo ele, dinheiro chama dinheiro.

E quanto ao iate, o sonho secreto de Jordan sempre fora pilotar seu próprio barco. Desde adolescente saía para trabalhar como

Capítulo Dois – O Tempo É o Senhor de Todas as Verdades e Mentiras ■ 17

ajudante de pescadores em sua cidadezinha, sem poder pescar, e era obrigado a limpar o barco e ajudar na manutenção. Era isso que garantia o peixe que sustentava ele e sua avó.

Gostava do mar e tinha muito respeito por ele. Com determinação e coragem se tornou um excelente piloto de barco. Primeiro observava seu marinheiro, depois perguntava tudo o que tinha dúvida, e como detalhista que era, foi esmiuçando cada detalhe até tirar sua habilitação, para finalmente pilotar seu próprio barco. Começou com um barco pequeno, modesto, e foi evoluindo, até que há dois anos resolveu comprar seu próprio iate, cansado de caronas em barcos dos amigos e querendo mais uma vez provar a si mesmo que Poder é o que mais importa.

Ele se prepara para ligar o iate quando ouve um barulho vindo de fora. Seu coração dispara e pensa se deve subir e ver o que está acontecendo ou se deve sair correndo dali. Ele precisa ser rápido porque sua liberdade ou a prisão depende de segundos de decisão.

Seu celular permanece desligado no bolso, por causa da pouca bateria. Ele olha para o pulso para ver as horas e lembra-se de que já não tem mais o relógio, lamentando-se e pensando se aquela foi uma escolha correta ou não. Comprá-lo foi uma decisão de anos. Era mais uma forma de mostrar a seus concorrentes o Poder e o que o dinheiro representava para ele, ostentação sem medir consequências.

Jordan pega seu celular e apesar de não parecer uma boa decisão, visto que ligar para seus advogados ou para Thereza seria mais viável, ele resolve ligar para Marie, sem imaginar as consequências.

– Marie, sou eu, Jordan. Estou fugindo. Por enquanto, os policiais estão no escritório para me prender, então assim que estiver em segurança, eu te procuro.

– Seu desgraçado! – ela grita do outro lado da linha. Está nervosa, ofegante e tremendo. – Mais uma vez só pensa em você! Estou te ligando há mais de uma hora, Vincent foi sequestrado! Recebi uma ligação dos sequestradores dizendo para manter a polícia fora de questão que até amanhã entram com o valor do resgate. Não me arrependo de pedir a separação, meu advogado já entrou com o pedido de divórcio, você é um cretino. – Marie não consegue ouvir e parar de falar, nervosa e assustada. – Grita muito sem saber o que fazer, apenas exige que Jordan volte para resolver tudo, pois ela não sabe como agir.

– Marie! Escute-me! Pare de gritar pelo amor de Deus, ouça-me mulher! Meu celular está quase sem bateria e eu não estou com meu carregador. Procure o Dr. Taylor, conte tudo, ele saberá como proceder. Entenda que eu não tenho como voltar, Marie. Fique do meu lado neste momento, você é a única pessoa em quem posso contar.

– Seu mesquinho! – Marie continua gritando, sem ouvir o que ele disse. – Egoísta! Medíocre! Cretino! Eu te odeio! Eu te odeio com todas as minhas forças, você nunca mais terá nada de mim! Nada, entende? Nada! Muito menos compaixão! Ou você volta e tira o Vincent das mãos desses sequestradores ou você terá uma inimiga para o resto da sua vida!

– Marie! Fique calma, a bateria já vai acabar!

E realmente a bateria termina e Jordan fica sem saber o que fazer. Pela terceira vez em sua vida não tem resposta para seus conflitos pessoais.

O barulho fica mais forte no andar de cima. Jordan só tem duas alternativas. Ou ele acelera e some ou sobe e vê o que acontece. Ao se aproximar da escada, ouve várias pessoas rondando o iate. Não consegue identificar quem são e não quer parar para perguntar.

Jordan sempre foi muito cuidadoso em relação à segurança de navegar. Ele sabe que antes de sair para o mar é importante tomar uma série de medidas como precaução para evitar certos imprevistos. Seguindo as regras básicas, em primeiro lugar ele deveria saber qual a autonomia do barco, ou seja, deveria saber quanto combustível o iate possuía, qual seria a distância percorrida, o tempo que gastaria e a velocidade média. Tudo isso deveria ser analisado.

Também devia fazer uma inspeção de todo o material, como os salva-vidas, o rádio, os instrumentos e conhecer as condições meteorológicas da zona na qual navegará. O motor, os

Capítulo Dois – O Tempo É o Senhor de Todas as Verdades e Mentiras

níveis de óleo e outros elementos também eram alvos de uma inspeção. Por último, deveria avisar o centro de controle correspondente sobre as suas intenções de navegação, o que seria improvável, já que a última coisa que queria era que soubessem de seu destino.

Porém, não há tempo para tudo isso e Jordan resolve seguir viagem sem olhar para trás. É de sua personalidade não pestanejar em tomar decisões, mesmo as mais duras e controversas. Já passara por inúmeras situações de risco e se saíra muito bem, por isso, ele tenta se convencer que aquela é apenas mais uma. Tem os melhores advogados dos Estados Unidos, eles com certeza eram muito bem pagos para resolver qualquer problema que fosse.

A ilha não ficava muito longe da costa, a viagem seria rápida. O mal tempo era um ponto a temer, no entanto, ele sabe que sua experiência já o tirara de muitas tempestades piores da que estava por vir.

E dessa forma, quatro horas mais tarde, seus pensamentos ainda estão em Marie. Embora nunca tenha conseguido ter um bom relacionamento com Vincent, sabia que naquele momento sua esposa estava precisando dele.

O sentimento pelo rapaz era muito confuso, Jordan nunca conseguira entender. Quando Marie foi morar com ele, Vincent tinha oito anos e nunca houve afeto entre os dois. Por mais que Marie tentasse aproximá-los, o fantasma do pai verdadeiro do garoto, Elliot, sempre os rondava.

Vincent tinha o pai como um herói, sendo bem diferente de Jordan que, desde a época em que ele e Elliot eram amigos na escola, achava o amigo um tanto quanto imbecil. Elliot era muito frágil, chorava por tudo e escrevia cartinhas românticas para serem publicadas no jornalzinho da escola. Jordan nunca gostara de pessoas fracas. E do jeito que as coisas iam, acreditava que Vincent também seria fraco e desajeitado.

Mas um dia, ouvira Vincent dizer:

– Não quero ajuda de ninguém, prefiro me virar sozinho. Sou mesmo orgulhoso e não vou pedir colo, quero que adivinhem.

Jordan sorriu discretamente e pensou que Vincent aprendera isso no convívio entre os dois, já que jamais poderia vir algo assim de Elliot. Podiam não ser próximos, mas ainda assim, secretamente, servia de exemplo. Pensava que talvez as coisas não estivessem tão ruins.

Entretanto, Marie sempre foi muito aflita com o comportamento de seu filho. Quando Vincent se tornou adolescente, tinha certeza de que ele usava drogas e várias vezes tentou interná-lo numa clínica de reabilitação, mesmo que ele não admitisse seu vício.

Até porque Vincent sempre fora um filho muito amoroso com sua mãe, fazendo com que ela sempre o tratasse de modo permissivo. Isso ocasionava brigas intermináveis entre Jordan, Vincent e Marie, e nos últimos anos se agravou tanto que Vincent resolveu sair de casa e deixar a empresa de Jordan, onde trabalhava como advogado.

Nunca em dez anos de trabalho na empresa, desde estagiário, havia ouvido um elogio do padrasto, que sempre exigia mais e mais. Isso afetava Vincent e o fez pensar várias vezes em sair dali. Tudo o que ele mais queria era reconhecimento.

Jordan não confessava, mas sentia ciúmes do enteado. Demorou quatro anos para que Marie quisesse engravidar de novo, porque só tinha olhos para seu filho e isso o irritava profundamente. Mesmo após o nascimento de Julie, Marie ainda tinha uma grande predileção pelo mais velho, como se Elliot estivesse sempre presente.

E agora ele havia sido sequestrado. Jordan pensava os motivos que levariam àquilo. Traficantes? Dinheiro? Dívidas de jogos? Inimigos? Bandidos perigosos que queriam apenas o dinheiro e sabiam que a família era rica?

Eles estavam sempre em colunas sociais, todo mundo os conhecia. Jordan dava entrevistas em jornais importantes e há pouco mais de dois anos havia sido entrevistado no programa da Oprah Winfrey, uma apresentadora de televisão e empresária, vencedora de múltiplos prêmios Emmy por seu programa *The Oprah Winfrey Show*, o *talk-show* com maior audiência da história da televisão americana. Na ocasião, houve muita repercussão e logo após, até

Capítulo Dois – O Tempo É o Senhor de Todas as Verdades e Mentiras

a Forbes, uma revista de negócios e economia americana, quis entrevistá-lo.

Jordan era uma figura pública e todos sabiam de sua imensa fortuna. Havia muitos motivos para um sequestro.

A tempestade piora cada vez mais. As ondas gigantes batem no casco do iate levando-o de um lado para o outro, e Jordan começa a se amedrontar, algo que é muito raro.

Resolve parar de se preocupar e toma uma dose do whisky que está no pequeno frigobar. Com certeza, o álcool acalmará seu coração. Eram muitos problemas em um só dia, não tinha como aguentar tudo aquilo.

Várias doses depois, ele ainda pilota, completamente bêbado. Canta uma música antiga em voz alta enquanto seus pensamentos giram em torno de sua família transtornada, correm até os problemas na empresa e voltam outra vez a Marie gritando ao telefone.

Jordan não percebe quando uma onda forte bate no barco e tudo gira.

Capítulo Três

As Consequências dos Erros

"Hoje, neste tempo que é seu, o futuro está sendo plantado. As escolhas que você procura, os amigos que você cultiva, as leituras que você faz, os valores que você abraça, os amores que você ama, tudo será determinante para a colheita futura." **Padre Fábio de Melo**

O iate de luxo era o resultado de anos de corrupção e desistência da família e de amigos, agora aquele momento era só dele, saíra em busca de algo que sabia que não poderia encontrar jamais, a Paz, que nunca conquistara, nem com toda sua fortuna, nem com todos os seus funcionários e assessores sempre à disposição para fazer todas as suas vontades.

Lá estava um homem só, seu iate e um temporal jamais visto por ele. Pensou em voltar, pedir ajuda, gritar, porém seu estado de embriaguez era tão grande que mal conseguia se mover da cadeira em frente ao leme.

Suas vistas estavam turvas, mas sabia que algo de muito ruim estava por vir. Era o fim. Seu rosto está crispado de ódio, seus inimigos tinham vencido, ele estava derrotado, os advogados haviam lhe dito que poucas esperanças lhe restavam de sair ileso das acusações de corrupção e de lavagem de dinheiro, assim como perderia grande parte de seus bens na separação.

O que ele conquistara durante toda sua vida estava indo embora com uma facilidade jamais imaginada por ele. Tinha a certeza de tudo, era a verdade absoluta todo o tempo, nunca poderia ser questionado, o poder o fascinava tanto que em alguns momentos se sentia DEUS, e agia como tal, demitindo, gritando, humilhando, praguejando, comprando, sem admitir questionamento algum, suas atitudes eram absolutamente inquestionáveis.

E agora, tudo o que pode ver é a água entrando no iate. Estando completamente bêbado, ele demora a perceber a gravidade do momento. Também não nota o chão inclinado, acreditando ser consequências da bebida e sem imaginar que o barco estava afundando.

Com a força das ondas, a porta do iate para o segundo andar abre e é por lá que a água entra. Ele vai até a porta para fechá-la, porém, no meio do caminho, o barco dá um solavanco, ele é jogado contra uma das paredes e cai no chão. A água já está na altura dos seus joelhos e se ele não tomar uma atitude rapidamente, aquilo vai ser um desastre.

Jordan se levanta, mas torna a cair. A água salgada difere-se do gosto do whisky e ele precisa de mais alguns minutos para enfim acordar. Lutando contra a loucura gerada pela bebedeira, ele tenta outra vez fechar a porta, mas uma onda gigante atravessa o iate e o empurra para dentro novamente.

Desta vez, a água já está em seu tórax. Decide que não vai fechar mais porta alguma e sim sair dali. Com todas as suas forças, move-se para o convés, para enfim poder ver todo o mar agitado, escuro e amedrontador, confundindo-se com o céu escuro. As ondas são enormes e relâmpagos caem do céu constantemente. Tudo parece furioso e Jordan, do mesmo jeito que estava acontecendo naquele dia, não sabe o que fazer.

Mas também não tinha muita saída. Por não estar sóbrio, virou um alvo fácil e as chances de sobreviver àquilo são mínimas. Não sabe onde está, não tem como ligar para alguém, tudo o que pode esperar é uma intervenção divina, algo que ele não espera que aconteça por não ter sido um "garoto bonzinho" nos últimos anos, aliás, será que algum dia foi, questionava naquele momento Jordan.

Outra onda acerta o iate e Jordan é lançado ao mar. Ele afunda consideravelmente e vê todo o ar de seus pulmões sair em forma de bolhas prateadas. Ele tenta voltar à superfície, mas a cada tentativa, uma onda o atinge, fazendo-o girar várias vezes e afundar cada vez mais.

Todas as suas chances diminuem e ele, pela primeira vez na vida, acredita que morrerá. Nunca tinha pensado nisso antes, de como seria sua morte, e ali, naquele momento, ele só podia aceitar. Se era para terminar tudo assim, não havia muito a ser feito.

Entretanto, ainda não é a hora dele. Consegue ir à tona e respirar fundo, para ver seu iate afundar. Só resta uma parte do casco do lado de fora, o que lhe dá uma leve esperança, porque pensa em mergulhar, entrar no iate e procurar algum salva-vidas. Porém, não é desse jeito que vai escapar. Quando mergulha, outra onda o atinge, levando-o para longe do iate. Era como se a própria natureza tentasse afastá-lo daquilo.

Perdido e sem entender, ele continua tentando, imaginando que aquele é o único meio de se salvar, e no meio da fúria do mar, ele se aproxima do iate um minuto antes de ser lançado para longe. Quando enfim decide desistir, uma boia solitária flutua nas ondas.

Ele nada o mais rápido que pode em direção à boia e consegue pegá-la. Passa os braços nela e agradece em voz alta, antes de desmaiar devido ao cansaço e à bebedeira.

Jordan não tem certeza se aquilo é um sonho ou não. Tudo parece muito vivo e brilhante, além de todos estarem felizes.

Marie, Vincent e Julie, todos estão rindo e brincando, sentados no sofá da sala vendo televisão, apesar de ninguém dar muita atenção a ela por muito tempo. Eles estão muito ocupados fazendo planos para o futuro e relembrando cenas divertidas que viveram.

Julie conta seus micos que passou na escola e todos riem com ela. Vincent narra tudo o que passou na faculdade de forma engraçada e mal pode esperar para dizer todos os desastres que ocorreram com suas namoradas.

Estão tendo um dia feliz, sem se importar com Jordan, parado no vão da porta, encharcado.

– O que aconteceu? – Marie de repente pergunta.

– Eu sofri um naufrágio. – ele explica, sem ao menos saber como foi parar ali.

– Aconteceu que ela terminou comigo, obviamente. Qualquer uma terminaria depois que um cara derramasse refrigerante nela no meio de uma festa. – Vincent ri.

A pergunta não tinha sido para Jordan. Sua família não o está vendo, ou pelo menos finge que não o vê. Ele chama pelo nome de sua esposa e seus filhos e ninguém responde, como se ele estivesse invisível.

Ele se aproxima e balança os ombros de cada um e, outra vez, ninguém lhe dá atenção.

– Eu sinto falta dele. – Julie diz, de repente.

Jordan se endireita, surpreso e confuso, vendo todos ali ficarem em silêncio, refletindo naquelas palavras.

– Eu também. – Marie concorda.

Capítulo Três – As Consequências dos Erros ▪ 27

– O quê? – Jordan pergunta. – Estão falando de mim? Eu estou aqui, crianças! Marie, por favor, olhe para mim. Eu estou aqui. Julie, Julie, filha, olhe para o papai.

Porém, ninguém o ouve.

– Ele nunca parava em casa... Mas ainda assim era nosso pai. – Vincent termina.

– O quê? – Jordan fica pasmo. – "Nosso pai"? Você... você me considera como seu pai?

– Infelizmente, a gente colhe o que planta. Ele foi atrás das coisas erradas e não se arrependeu... Não me admira que tudo isso tenha acontecido.

Jordan tinha morrido? Tudo aquilo é uma alucinação? É isso que acontecia após a morte, ver todos os seus familiares vivendo como se nada tivesse acontecido?

Ele não quer acreditar naquilo. Não pode ter morrido. Ainda não era a hora de partir. Tinha muita coisa para fazer.

– Marie, Marie... – ele tenta novamente, sacudindo-a.

E desta vez, todos olham para ele. Marie, Julie e Vincent, todos se viram e o encaram. Isso assusta Jordan de início, mas ele sente uma ponta de esperança.

Entretanto, cada vez mais sua família parece distante. De repente não consegue mais tocar em ninguém e estão todos de pé, longe dele, observando-o sem fazer nada. Nota também que agora está no mar outra vez, se afogando, mas nenhum dos seus familiares move um músculo para ajudá-lo.

– Ajudem-me, por favor! – ele pede.

Os olhares permanecem inflexíveis, sem demonstrar qualquer tipo de preocupação ou desespero.

Então, de repente uma voz entoa ao redor:

– Hey! Você pode me ouvir?

A família Danvers desaparece num raio de luz, despedaçando-se como um vidro quebrado, assim como toda a água em volta. Tudo parece girar e Jordan não consegue se mexer.

– Por favor... – a voz continua. Parece preocupada e alarmada.
– Por favor, fique vivo! Acorde, acorde!
Ele sente-se puxado de um lado para o outro e, num instante, o ar entra pela sua boca. Alguma coisa pressiona seu peito e, num segundo, uma quantidade considerável de água salgada é expelida por meio de tosses.
Ele tenta abrir os olhos, mas tudo está embaçado. Vê uma figura sem rosto de cabelos compridos que grita para que ele viva, mas não consegue fazer nada.
"Viver. Qual é o sentido disso? Todos nós nascemos, crescemos, vivemos e morremos. É a lei natural. Mas por que tanta vontade de viver? O que tem de bom na vida?".
– Acorde, por favor...
Jordan, por quê?
"Marie?".
– Alguém me ajude! Por favor!
Pai...
"Meus filhos, o que aconteceu?"
– Socorro! Aqui!
Dr. Danvers... como conseguimos chegar a isto?
"Thereza... Dr. Taylor..."
Era isso que o senhor queria que eu escrevesse no seu livro?
"Nancy..."
– Por favor, não morra. Não desista da vida... Por favor.
Ele foi um grande homem.
"Por que estão todos aqui me encarando? Por que estão chorando? O que aconteceu?".
– Acorde!
Jordan abre os olhos de repente. Diferente das vozes que escutara, seus filhos, sua mulher e seus conhecidos não estão por perto. A única pessoa à sua frente é uma mulher aflita e desesperada, tentando fazer de tudo para salvá-lo.

– Graças a Deus! – ela grita, abraçando-o. – Achei que morreria.

– O quê? – ele fica perdido. Tudo o que pode ver é areia em volta e o mar azul e calmo atrás da mulher.

– Como você se chama?

Jordan olha para ela direito. É uma bela mulher. Os cabelos negros, compridos e molhados deslizam pelos ombros e os olhos assustados demonstram uma preocupação gigante.

Ele abre a boca para falar, mas não consegue. Tudo gira de novo e ele desmaia outra vez.

Capítulo Quatro

O Passado Remete ao Futuro

"Havia um senhor que ao se mudar foi colocando tudo em cima de seu camelo. Suas roupas, utensílios, móveis... tudo pesou e o camelo tentava aguentar. Quando ele colocou uma pena no camelo, ele arriou. Descontente, o homem disse: que animal mole, não aguentou o peso de uma pena..."

A Construtora Danvers era hoje uma das mais importantes do país, com filiais em Angola, Portugal e expandindo para Dubai.

O que realmente motivava Jordan não era o dinheiro que ganhava em seus negócios e sim o Poder que o dinheiro lhe trazia. Poder.

Era algo como um vício, quanto mais se tem mais se deseja possuir.

Jordan com muita frequência confundia a ordem de seu Poder e de suas máscaras. Usava o Poder com sua família e seus funcionários e a tolerância exagerada com alguns poucos que lhe eram convenientes.

Apostou na sua maneira pouco convencional de tratar sua esposa e seus filhos, deixava que eles decidissem tudo, qualquer coisa mesmo, desde que não o tirasse do seu foco principal, seus negócios. Tinha uma personalidade amigável com Marie, era-lhe importante não arranjar confusão, briga, desavenças, discórdias, já que tiravam-lhe a energia para criar e trabalhar.

No início, Marie acreditava que a ausência constante de seu marido era por um tempo limitado, assim que estivessem numa situação financeira estável eles poderiam usufruir a vida que sempre desejou.

Os dois no passado foram humildes e passaram por muitas dificuldades quando crianças, momentos de muito sofrimento. Houve uma época em que Marie, com suas caprichosas cestas de vime e seus guardanapos bordados à mão, sustentou sua casa e ajudou Jordan nos estudos, quando ainda namoravam, antes que ele a abandonasse sem olhar para trás.

Jordan gostava de arriscar em negócios nem sempre confiáveis, mas Marie nunca interferiu em seus sonhos, acreditava na capacidade e talento de seu marido.

Anos a fio em total solidão, esperas sem retorno, sem telefonemas nem palavras de consolo. Em raras as ocasiões em que seu marido estava presente, como o aniversário das crianças, que em

Capítulo Quatro – O Passado Remete ao Futuro ■ 33

vários momentos teve de ser comemorado quase um mês depois para conciliar sua tumultuada agenda.

Jordan vivia num mundo particular, do qual ninguém fazia parte. Ia a algumas festas familiares quando Marie insistia demais, mesmo assim era visível seu desinteresse, conversava com os parentes sem prestar atenção a uma única palavra.

Houve um dia em que Jordan chegou a casa e se trancou em seu escritório. Marie queria lhe contar a grande novidade: Julie havia sido aceita numa universidade. Por isso, entrou eufórica e o abraçou como há muito tempo não fazia, enlaçou seus braços em volta de seu pescoço e o beijou na cabeça. Esperou que Jordan se levantasse para que pudesse olhar em seus olhos e lhe dizer do orgulho que sentia naquele instante.

Jordan absorto em suas planilhas pediu para que Marie voltasse depois de umas duas horas, não poderia perder a linha de raciocínio.

Nesse instante, Marie entendeu a barreira que existia entre eles. Era visível o desinteresse por qualquer assunto que não fosse suas empresas, seus empregados ou seu *networking*.

Resolveu sair e comemorar com Julie e Vincent. Ele nem percebeu.

Ela própria sentia também a distância de seus filhos, cada um em seu mundo, seus quartos, seus amigos, não havia mais nada que a família compartilhasse junto, e naquele instante era como se três estranhos comemorassem friamente uma vitória isolada. Marie entendeu o quanto ela, assim como Jordan, também se escondia em seu próprio mundo de futilidades. Chás com as amigas, compras que nem sabia mais onde colocar, plásticas e botox que a deixavam mais jovem para os outros e mais velha para si mesma. Festas com pessoas que nada acrescentavam à sua vida e só estavam ali por interesse.

Quem eram seus filhos, o que pensavam, do que gostavam e como se sentiam eram perguntas que nenhum dos dois tinha tempo de se fazer.

Marie tomou uma decisão, levaria seus filhos para jantar e tentaria se aproximar mais deles, tinha certeza absoluta de que Jordan nem notaria sua ausência.

A comemoração da vitória da sua filha se estendeu com uma conversa sem pé nem cabeça, os três se olhavam sem ter absolutamente nada a dizer em um total desconforto. Marie entendia que deveria fazer algo, quebrar aquele gelo, entender o que estava se passando para tornar a noite mais agradável, no entanto estava completamente desorientada naquela situação. Eram perguntas sem respostas.

Percebeu que ela criticava Jordan, mas também vivia assim como ele, num mundo isolado e sem motivação.

Foi naquele exato instante que Marie decidira por sua separação.

Não era um pensamento isolado ou precipitado. Olhando seus filhos e ela própria naquele momento, entendeu que seu casamento já havia terminado há muito tempo e que consumar sua separação era inevitável. Bom para ela e para seus filhos.

Quando foi ao tolete para retocar a maquiagem, escutou a conversa de duas amigas:

– Sinto-me como na história do camelo... Conhece? – dizia para a outra amiga que acenou com a cabeça dizendo que não. – Havia um senhor que ao se mudar foi colocando tudo em cima de seu camelo. Suas roupas, utensílios, móveis... tudo pesou e o camelo tentava aguentar. Quando ele colocou uma pena no camelo, ele arriou. Descontente, o homem disse: que animal mole, não aguentou o peso de uma pena...

Marie olhou para as duas, sorriu e entendeu que naquele instante a história era para ela. Sentiu vontade de agradecer as duas, mas com certeza não entenderiam.

Na verdade, a pena era aquela comemoração sem alegria e sem família. Não havia suportado mais o peso da solidão, do preço de viver esperando por migalhas que nem sempre vinham. Ia procurar um advogado no dia seguinte.

E assim foi.

Capítulo Quatro – O Passado Remete ao Futuro ▪ 35

Jordan sentiu o chão sumir de seus pés. Nunca por nenhum segundo imaginou que aquilo poderia acontecer. Era muito seguro em tudo o que fazia, principalmente em relação a Marie, que sempre foi tão submissa, caseira, família. Ele não se lembrava de reclamações nem de discussões em casa. Como pôde acontecer? Será que ela não era feliz?

Mas o que realmente deixou Jordan contrariado foi a atitude da advogada querendo metade de seus bens. Ele trabalhara a vida inteira, dera tudo do bom e do melhor para ela e seus filhos e agora Marie acreditava ser merecedora de metade de tudo. Por isso, Jordan contratou os melhores advogados. Teria de se sair bem mais uma vez, mesmo porque tinha a certeza de que essa separação seria passageira. Deveria ser uma crise da menopausa ou algo parecido. Ele teria paciência e levaria todo o processo bem devagarzinho para que desse tempo de Marie repensar essa história absurda. Teria "Bom Senso".

O momento da separação era mais um entre tantos problemas a serem resolvidos, Jordan passava por uma crise e um turbilhão por todos os lados. É, talvez devesse repensar algumas coisas, mas não naquele momento, pois estava fechando muitos negócios importantes de milhões de dólares. Sua vontade era chamar Marie e pedir a ela que adiasse um pouco aquela situação, pois ela não tinha clareza do prejuízo que sua família poderia ter em não deixá-lo focar nos negócios nesse momento. E assim Jordan passou a tomar comprimidos para dormir e adiar em resolver seus problemas familiares.

Jordan no inicio não sentiu muita falta da família. Estava absorto em tantos problemas e decisões a tomar que nem percebeu o tempo passando e seus advogados brigando. Havia dito para eles que fizessem o que fosse preciso para deixar Marie somente com o suficiente para uma vida confortável, deixando claro que após a separação daria uma boa mesada a ela e aos filhos. Mas era só, não queria deixar nada de valor para eles. Os advogados eram os melhores e o haviam alertado que não faziam milagres, o que deixou Jordan irritadíssimo, impondo claramente que o emprego de toda equipe estava em jogo naquela separação.

Marie por sua vez estava vivendo seus conflitos interiores. A separação não estava nada fácil para ela. Ela não conseguia distinguir se era melhor ou pior sem Jordan. Quase nunca via seus filhos e os problemas pareciam aumentar. Seus advogados não estavam mais certos se ganhariam a causa devido aos problemas vividos pela empresa, à queda drástica das ações e aos processos que Jordan e as empresas estavam sofrendo. Marie não queria participar de nada, pedia simplesmente para poupá-la mais uma vez dos problemas.

Ela já não sabia mais o que fazer e tomar calmantes fortes foi a melhor solução para aquele momento de inferno interior. Ela jamais soubera encarar os desafios da vida, se entregava muito facilmente, ou fugindo ou adiando suas decisões.

Capítulo Cinco

Uma Nova Chance

"Não importa quantos passos você deu para trás, o importante é quantos passos agora você vai dar para frente." **Provérbio Chinês**

A cama debaixo de si parece ser feita de pedra. Não é confortável, pelo contrário, é dura e parece ser muito velha. O colchão, coberto de remendos, está escondido por uma colcha gasta e desbotada. As paredes à sua volta são feitas de madeira e o teto não possui forro, apenas um telhado feito de amianto. E o cômodo não é muito grande, mas cabe outra cama velha e uma pequena cômoda cheia de bugigangas e flores por cima.

Jordan se senta e sente sua cabeça doer. Está exausto, doído e doente. Sua cabeça gira em fragmentos de memória que o deixam perdido.

Onde ele estava? O que tinha acontecido? Como estava sua família? Eram tantas perguntas e ele não conseguia responder a nenhuma.

E aquela mulher que o salvara... Mal a tinha visto, mas ainda assim... Era como se ela fosse alguém muito familiar, seu olhar profundo, sua voz desesperada e suas mãos macias lembravam Jordan algo do qual ele não queria se lembrar e que com certeza fazia questão de esquecer. Mas o fazia se sentir mais uma vez, após tantos anos, amado e querido. Alguém que há muito tempo tinha se preocupado com ele e fez de tudo para salvá-lo. Não conseguia saber se ela era real ou se tudo tinha sido um sonho, ou será que havia morrido? Jordan nunca tivera religião definida, sequer sabia se acreditava ou não em Deus. Suas crenças sempre foram sobre coisas práticas e que dessem resultados imediatos.

Jordan se levanta com dificuldade e segue andando pela casa até então desconhecida. Entra agora no que talvez seria uma sala, visto que possuía um sofá e uma pequena televisão velha. Ele encontra uma mulher familiar, mas ainda assim não era a mulher que viu na praia.

– Ah, você acordou! – ela diz, animada. – Estávamos preocupadas, estava dormindo há mais de doze horas.

Jordan olha à sua volta procurando aquela que o havia salvado, mas não a encontra. Se sente estranhamente desolado e ao mesmo tempo aliviado. Não tem vontade de se lembrar de nada que o remeta ao passado, que cada vez mais está aprisionado a sete chaves, e que se fosse aberto, o mataria com certeza.

– Tenho muito a agradecer não é? – ele diz com dificuldade. – Salvaram minha vida.

A moça morena de cabelos cacheados enormes sorri de modo franco, o que faz Jordan perceber que está realmente vivo, já que sua presença é mágica e encanta todo o ambiente.

– Na verdade, foi minha mãe que te achou e te salvou. Você estava se afogando no mar com uma boia mixuruca quando ela nadou até você. E aqui em casa, Vó Kate agiu com seus chás milagrosos e seus emplastros, o que te colocaram de volta à vida. Pensamos em chamar um médico, mas a chuva arruinou a única estrada que passa carro e o nosso telefone está quebrado. Parece que tudo estava dando errado, mas você está aqui, sobreviveu! Teve sorte. – Ela falava sem parar, rindo junto com sua fala o tempo todo.

Ele descobre então que a mulher que o salvou realmente existia e que era mãe daquela jovem. Pelo o que se lembrava, as duas se parecem muito, sendo lindas e serenas.

– Ah, ele acordou! – uma senhora entra na sala. Provavelmente é a tal avó Kate. Realmente, parecia ser uma cópia bem mais velha da garota ali.

As duas começam a falar ao mesmo tempo, contando detalhes de como o haviam trazido, como tinha sido difícil e que precisaram de ajuda de alguns vizinhos porque Jordan era pesado. A história deixa as duas entusiasmadas, já que provavelmente naquele lugar não deveriam acontecer muitas coisas.

– Onde eu estou? – ele pergunta, tentando encerrar a conversa. Gostava da animação das duas, mas não queria mais se lembrar da tragédia.

– Numa ilhazinha perdida no meio do oceano. Pode chamar de Fim do Mundo. – diverte-se a jovem.

– Janine, pare de falar mal daqui. – Kate lhe lança um olhar torto, então se vira para Jordan. – Infelizmente, ela tem razão. A ilha

é pequena, nem aparece nos mapas. Nós a chamamos de Saint Joseph Island.
– População: 523 habitantes. 524 agora, na verdade.
– Nunca ouvi falar.
– Ninguém nunca ouve.
– Estamos perto de onde?
– Atlantic City, Nova Jersey.

Jordan não consegue acreditar. Tinha passado horas navegando e ainda assim, não tinha se afastado nem um pouco. Se o plano tinha sido viajar perigosamente perto da costa, ele tinha conseguido muito bem.

Tinha arriscado viajar em direção à ilha do seu amigo, sem revisar o barco e delimitar seu caminho, achando que a sorte o salvaria. Infelizmente, falhou.

E agora, ainda corria o risco de invadirem a ilha atrás dele. Isso seria complicado.

– Como você se chama? – Janine pergunta.

Jordan olha para o chão, analisando o que estava acontecendo. Ainda estava nos Estados Unidos e poderia ser preso a qualquer momento. Quase morreu, mas foi salvo na última hora. Teria de contar com a sorte de ter afundado bem longe dali e sido levado pela correnteza e a boia até a ilha.

– Eu não me lembro. – ele inventa na hora.
– Vish, perdeu a memória? – Janine pergunta o óbvio. – E agora? O que vamos fazer?
– Vamos perguntar à Celeste.

Nessa hora, uma mulher se aproxima. Jordan olha para ela e fica surpreso. Era ela, sua salvadora, a mulher da praia. Linda do mesmo jeito que se lembrava, parecia mais encantadora do que nunca.

– Ele acordou... – ela diz em tom baixo.

Para Jordan, ela era mais linda ainda quando falava. Sua voz era como o canto de um colibri, aquele que ficava no seu quarto quando criança, e era a imagem mais bela que já havia visto em toda sua vida. Ela sorria com os olhos, com o corpo e possuía uma covinha linda no queixo que a deixava ainda mais sensual.

– Acho que você é a minha salvadora. – ele diz, hesitante. – Muito obrigado mesmo pelo que fez. Aliás, todas vocês.

– Não se preocupe. – sorri ela. – Eu ouvi que você perdeu a memória, é verdade?

– Eu acho que sim. – ele parece confuso. De algum jeito, era uma pergunta muito estranha para alguém que não se lembra de nada.

– Consegue se lembrar de alguma coisa?

– Só de que eu quase morri e acordei aqui agora.

– Ah, complicado...

– Podemos chamá-lo de Wilson? – Janine sugere. – Ele não se lembra do nome, então vamos inventar um até que ele se recupere.

– Wilson? – ele pergunta, curioso.

– Como naquele filme, *Náufrago*, com Tom Hanks. Sabe, aquela bola que o Tom suja de sangue e depois faz uma carinha para ter com quem conversar?

– Por que logo Wilson? Não devia ser o nome do personagem? – Celeste pergunta.

– Não, Wilson é mais criativo.

Ninguém diz mais nada, aceitando a ideia. Jordan não podia fazer nada, só podia se deixar levar para ver o que aconteceria ali.

– Você deve estar faminto. – observa Celeste. – Preparamos uma canja de galinha caipira bem gostosa e depois que comer, vai se sentir muito melhor. Vamos até a cozinha.

Jordan assente e os quatro vão até lá. Ele se senta numa cadeira velha perto da mesa e observa o lugar. Tudo está gasto, mas é incrivelmente limpo. Não há luxo nem conforto, mas ainda assim parece aconchegante.

Enquanto Celeste serve os pratos, ele a observa. Ela deve ter a idade de sua ex-esposa e só por pensar em Marie, suas lembranças voltam e o levam ao mundo que tenta esquecer.

É quase impossível acreditar que depois de quase vinte e cinco anos de casados, seu casamento havia terminado. Antes da separação pensava em fazer uma grande festa de bodas de prata, aliás, faria uma grande surpresa, uma recepção para quase quinhentas pessoas com muita musica e glamour. Aproveitaria a ocasião para convidar alguns clientes do exterior com quem pensava em fazer ótimas parcerias. Jordan não perdia tempo nem dinheiro. E agora, tudo estava acabado. Não haveria festas nem comemorações. Provavelmente, nesse momento, Marie pensasse que ele estivesse morto.

Não havia mais motivos para temer. Aquela era a chance de recomeçar. Lembrou-se de uma frase que sua avó sempre dizia: "Não importa quantos passos você deu para trás, o importante é quantos passos você vai dar agora para frente".

Essa frase ficou gravada em sua memória para sempre e ele a levou de forma a não deixar que o passado interferisse no seu presente e futuro, e agora a usaria mais uma vez.

O sol se punha de uma forma estonteante, o vermelho do céu refletia um mar ainda mais azul e as gaivotas faziam um bailado que parecia ser ensaiado para que o dia fosse ainda mais belo.

As crianças na beira da praia cantavam e gritavam frases desconexas, numa alegria e espontaneidade contagiante. As mulheres usavam saias rodadas que pareciam uniformes, saias floridas e muito surradas, em contraste com seus cabelos molhados do banho e com cheiro de lavanda. A beleza natural, sem maquiagem nem cremes era incrível e muito real, deixando Jordan completamente sem ação.

Uma semana passou rapidamente, Jordan se recuperando lentamente e as mulheres da casa se esforçando para que ele se sentisse muito bem em seu novo lar.

Para Jordan, aquilo era diferente de tudo o que havia vivido ultimamente, não se lembrava mais de alguém se preocupar verdadeiramente com sua saúde ou seu estado de humor. Os dias passavam prazerosos apesar de sua preocupação constante com o lado de lá.

Recebeu visitas dos pescadores e suas esposas, ganhou pão, doces e frutas vindos de todos os cantos da ilha.

Pensava sempre como seria o marido de Celeste, estava pescando há mais de um mês e seu regresso estava previsto para aquela semana. Incomodava a Jordan dividir a atenção das mulheres com outra pessoa, estava extremamente feliz em ser o centro das atenções naquela ilha, procurava ser simpático com todos sem falar muito, tinha medo de cair em contradição, tornou-se um ser enigmático e digno de curiosidade por todos.

Aquela situação divertia a Jordan que os achava muito ingênuos e engraçados em sua curiosidade quase infantil.

Os barcos todos enfileirados esperam o momento certo de partir.

As mulheres de pescadores têm a missão muito admirável de torná-los fortes para saber ir e ter vontade de retornar. A solidão na vida dos pescadores pode se tornar um vício sem volta, muitas ondas, tormentas, calmarias em demasia, cantorias de pássaros que rodeiam os barcos como se fosse sua casa. E a solidão é a companheira inseparável dos pescadores.

As crianças gritam em coro pedindo a atenção de seus pais, como se já antevissem que a demora seria grande, sem contar que muitas vezes nem volta existia. Era a vida que imitava a cantoria triste que nos dias anteriores cantavam a saudade de suas casas.

E lá vão eles, sem remorsos, cantando a nova casa, o mar.

As mulheres abanam suas mãos até não poderem ver mais o rastro de seus maridos e então, ouve-se o pranto silencioso que cai delicadamente de seus rostos.

De todos os rostos ali na praia, o mais delicado é o de Celeste. Mesmo com sua aparência sofrida e não sendo mais tão jovem, percebe-se os traços delineados e estonteantes de seu corpo mignon e o bronzeado que combina com o cenário daquela praia tão linda.

Ela é a mais bela de todas as mulheres, a mais meiga e também a mais enigmática. As outras mulheres são sempre previsíveis, riem de tudo e contam histórias demais. Sabiam de antemão o que diriam sem rodeios e tinham sempre as respostas prontas.

Sentado ali na beira da água, Jordan pensa na possibilidade de montar uma cooperativa para os pescadores e como poderia assim ficar mais próximo de Celeste. Sua atração por ela é tão forte que não consegue mais imaginar sua vida longe de seu cheiro e de sua presença quase invisível.

Ele tem uma visão clara das deficiências e o quanto aqueles humildes caiçaras tinham o que aprender.

Ri intimamente da situação. Os pescadores nem imaginam o quanto de proveito poderiam tirar da situação. Qualquer empresa pagaria uma pequena fortuna por uma hora de sua consultoria e lá estava ele sentado no chão, descalço com uma bermuda surrada, camisa abotoada na altura da barriga e barba por fazer, pensando numa maneira de conseguir fazer com que os pescadores alcançassem maior êxito nas vendas de seus pescados.

A vida tem dessas coisas. Há uma semana não pensaria em parar um minuto sequer seus compromissos para ajudar seus filhos ou sua esposa em qualquer coisa que fosse importante ou não. Agora, lá está ele com todo o tempo do mundo procurando uma maneira bem simples de montar uma estratégia vencedora para seus mais recentes amigos.

Ele olha para o fim da ilha e tem certo alívio e alegria por estar ali. Sente-se livre e feliz como nunca antes estivera, o que era estranho, porque já passara por centenas de países, experimentara os melhores vinhos e culinárias variadas de chefes renomados, andou nos melhores carros e conheceu os mais sofisticados hotéis. No entanto, jamais em sua vida sentiu tamanha paz e alegria interior.

O que estaria se passando com ele? Que sentimento é esse que não queria mais abrir mão de sentir? Será que nunca antes se conhecera de verdade? Quem era aquele Jordan que insistia em dizer que não se lembrava de nada após o acidente simplesmente para viver um pouco mais da vida que nunca conheceu ou que no fundo sempre quis ter e não teve a coragem de assumir?

Simplicidade, alegria, espontaneidade, valores familiares, amizade, cooperação, ética e liderança de alta *performance*, como diziam os gurus da administração, igualzinho aos livros que lia sempre e não aplicava nunca.

Capítulo Cinco – Uma Nova Chance ■ 45

O tempo curto e a sede de poder e ganhar dinheiro rápido o impediam de enxergar qualquer outra forma de vida que não fosse aquela que se acostumara a viver. Aliás, será que existiria outra forma sem ser aquela? Há muitos anos não parava para vislumbrar o céu e a beleza selvagem do mar, muito menos o silencio arrebatador que agora se instalara naquele canto da ilha.

Só ele e Deus. Deus, que Deus? Não gostava de pensar sobre o assunto porque tinha medo do inferno, já fizera tantas coisas erradas para conseguir o poder que se houvesse mesmo o outro lado, com certeza a porta do céu não se abriria para ele e Deus não seria tão generoso como nos livros. Melhor não pensar sobre o assunto para não sofrer por antecedência. Aliás, ele sempre acreditou que arrependimento era coisa para os fracos, ele era forte e decidido.

Nos seus pensamentos não cabia voltar atrás. Sua mágoa e o medo do amanhã tomavam conta dele completamente. Era melhor viver um dia de cada vez, sem esperar o pior.

Se as pessoas colhem o que plantam, Jordan não plantaria mais preocupações. Finalmente toma a decisão de ficar na ilha até que as coisas se resolvam em sua casa e sua empresa. Nunca fugiu dos problemas, mas sentia que era o momento de delegar responsabilidades e optou por dizer na ilha que não se lembrava de nada após o acidente, seria mais fácil não explicar nada. Se estivesse em casa, o sequestrador poderia pedir um resgate maior ainda, e a esta altura os noticiários já deveriam ter anunciado o desastre. E pensando em sua morte, seria bem provável que devolvessem Vincent são e salvo. Não tinha o que fazer, se voltasse, a situação seria muito pior. Com sua frieza habitual, resolveu esperar e deixar que os problemas se resolvessem por si só.

Capítulo Seis

O Pescador

"Não importa quem você tenha sido antes, rico ou pobre, mas as melhores coisas da vida são grátis."

No outro dia, vários barcos encalham na areia da praia e crianças gritam, sorrindo e chamando por suas mães. Jordan fica levemente curioso, olhando tudo pela janela, e resolve se aproximar para entender o que acontecia.

A ilha se torna pequena para tanta gente, ele não imaginava que haveria mais habitantes ali, somente os pescadores que partiram na noite anterior. Eram dezenas de barcos, homens acenando efusivamente para seus familiares, cantando uma música que só eles entendiam.

Jordan fica ali sentado, extasiado, assistindo como se fosse um filme ou um ato de uma peça de teatro que ele mesmo gostaria de contracenar. Foi quando avistou Celeste correndo pela praia, vinha descalça com um pano de prato na mão e uma colher de pau na outra, deveria estar cozinhando e esqueceu-se de deixá-los em cima do fogão.

Um homem alto, moreno, de expressão alegre se apossou do corpo de Celeste, jogando-a para o ar como se fosse uma criança. Ela ria muito e se abraçavam fortemente, os dois estavam muito felizes e rodopiavam pela praia sem se importar com o grande número de pessoas ao seu redor.

Nisso, Celeste olha em volta, diz alguma coisa para o homem e os dois vão até Jordan. Ela conta que ele sofreu um naufrágio, foi parar ali na ilha e não se lembra de nada, todos o chamam de Wilson, devido ao filme *Náufrago*.

— Este é o Dixon. — diz Celeste. — Meu marido. Ele acabou de voltar de Atlantic City.

Jordan fica um pouco desconcertado.

— Prazer em conhecê-lo, senhor. — diz Jordan, apreensivo.

Logo atrás deles, um rapaz se aproxima. Seu nome é Peter e ele é filho de Celeste e Dixon, pescador como o pai.

Os quatro vão até a casa da família onde planejam fazer um belo jantar, comemorando a volta de todos. Jordan no começo fica se sentindo deslocado, vendo aquela família tão unida e feliz, mas

Dixon se mostra um homem calmo e atencioso, fazendo de tudo para colocá-lo nas conversas.

– Você gosta de peixe, Wilson? – Dixon pergunta, enquanto limpa o peixe. – Comia muito antes?

– Eu não me lembro. – Jordan responde para não perder seu álibi.

– Ah, que pena. Mas você tem de entender uma coisa: você pode ter provado todos os peixes do mundo, mas eu te garanto que esse que eu vou preparar vai ser o melhor que você já provou.

Jordan assente. Ele está sentado numa cadeira na cozinha vendo toda a família cozinhar. Todos parecem felizes e animados. Aquilo com certeza era algo que nunca fazia com Marie e seus filhos. Ninguém nunca tinha tempo para aproveitar bons momentos juntos.

– Em dias de festa, todos vêm aqui para casa porque sabem que nosso pai cozinha muito bem. – orgulha-se a filha deles, Janine.

– Você sabe cozinhar? – pergunta Peter.

– Eu não me lembro se sei.

Uma vez por outra, alguém lhe pede alguma coisa que está à sua volta, como pratos e colheres. Janine insiste em ensiná-lo a cortar cebolinhas e outras hortaliças, coisa que Jordan demonstra ter problemas, apesar de ser fácil.

– Você está cortando grande demais, tem de ser pequeno, Wilson. – ela ri do desajeito dele e começa a cortar ela mesma. – É assim que se corta.

Jordan começa a se lembrar de sua filha Julie. Qual tinha sido a última vez em que ficaram juntos? Que ele a escutou rir? Que ele parou para notar o quanto ela tinha crescido e não era mais um bebê? Ultimamente, só tinha más notícias da escola e a verdade era que ela não queria fazer faculdade, mas ele nunca parou para perguntar os motivos.

Antes, preso no trabalho, ele acreditava ser normal não ter tempo para ficar com os filhos, que era só dar dinheiro para eles que estava tudo bem. Mas ali, o cenário era completamente diferente, algo longe da realidade com a qual estava acostumado.

Até mesmo Peter, o filho mais velho, parece se dar bem com os pais, sem as brigas exageradas que Jordan estava acostumado a ouvir. Ele até mesmo comenta sobre a sua namorada, planejando o tão sonhado casamento.

Jordan nem mesmo conhecera alguma namorada de Vincent, embora já tivesse cruzado com algumas pela casa. Por que nunca perguntara sobre aquela garota que nos últimos dois anos estava presente em tantos eventos? Seria sério aquele romance?

Além disso, tudo naquela família havia agradecimentos. Se alguém pegava algo que caía no chão, automaticamente, tanto Celeste quanto Dixon agradeciam. Quando Janine terminou de cortar as cebolinhas, Celeste agradeceu. Peter pegou algo no alto para a irmã e ouviu um "obrigada". Enquanto a menina varreu o chão e arrumou a mesa, foi saudada por agradecimentos.

Jordan se sente mal ali. Não consegue entender por que agradeciam por coisas bobas. Era estranho o "por favor" e o "obrigado" realmente existirem naquela casa. Todos se elogiam e apoiam uns aos outros. Ele não entende por que há tanta cerimônia.

Ele assiste a Dixon acender uma fogueira do lado de fora da casa e cercá-la com tijolos. Colocou uma telha sobre o fogo e esticou uma folha de bananeira. Em seguida, colocou o peixe já temperado para assar.

Enquanto espera, Dixon arruma as cadeiras em volta do fogo para todos jantarem ali sob a luz da lua. Ele chama por Jordan e este já escolhe um lugar.

Quando o peixe fica pronto e todos podem jantar, algum tempo depois, Jordan pode notar que, assim como Dixon dissera, aquele era o melhor peixe que já tinha provado na vida. Nem mesmo os altos nomes da gastronomia chegavam perto. Era um prato simples, sim, com certeza, mas há uma alguma coisa que Jordan não consegue identificar. E não sabe se é o tempero, a forma como o peixe foi assado, se o próprio Dixon que tinha feito alguma mágica ou se era apenas a fome.

Decide não se importar com aquilo, agradece pela comida e se levanta, planejando ir para o seu quarto descansar, mas Dixon intervém:

– Vamos dar uma volta.

Jordan não entende o que Dixon quer, mas dá de ombros. Eles andam em direção à praia e caminham pela areia.

– Está gostando da ilha? – Dixon pergunta, um tempo depois.

– Sim.

– É diferente de onde você vivia antes?

– Eu não me lembro.

– Você tinha família? Amigos?

– Eu não me lembro. – repetiu, enquanto pedia a Deus que lhe desse paciência.

– É, temos um problema aqui. Mas isso vai passar, vamos crer que logo você estará recuperado.

– Sim.

Dixon para de andar pela areia e olha para o mar iluminado pela luz da lua.

– Não é incrível isso? Olha o tamanho desse mar... Dá uma sensação de liberdade... Pode ser árduo ter de ficar vários dias longe da família, mas só de poder contemplar este cenário todos os dias... Isso realmente paga qualquer esforço.

– Sim. – Jordan não sabe o que dizer, mas tem de concordar.

– Não importa quem você tenha sido antes, rico ou pobre, mas você tem de concordar comigo. As melhores coisas da vida são grátis e isso é inigualável. O céu estrelado, o mar azul, a areia da praia branquinha... tudo isso só para a gente, sem ter de pagar nada. Minha filha às vezes reclama que gostaria de morar no continente, mesmo que sozinha, para poder ver todas aquelas luzes, os prédios, as construções e carros para todo lado, mas eu te garanto que ela se arrependeria um tempo depois. Aqui é o nosso lar, e justo por isso, é o melhor lugar do mundo. Podemos não ter luxo, riquezas e qualquer outra coisa das cidades grandes, mas temos amor aqui, além de uma paisagem dessas.

Jordan balança a cabeça outra vez, ainda confusa e pensando sobre aquilo tudo. Ela acha Dixon muito poético para um humilde pescador.

– Você sabe pescar?

– Eu não me lembro. – Jordan responde sua frase de sempre.

– Ah é mesmo, me desculpe por perguntar isso toda hora. – Dixon ri. – Vamos fingir que você não sabe. Amanhã vou te ensinar, tudo bem?

– Tudo bem.

– Você vai adorar Wilson, pode ter certeza. E com o tempo, vai poder pescar seu próprio peixe e, dependendo, vou te ensinar as minhas receitas secretas. – com tapinhas amigáveis no ombro de Jordan dá meia volta. – Vamos voltar, ainda tenho umas coisas para resolver lá em casa.

Os dois voltam para casa, com Dixon conversando sobre técnicas de pesca sobre todo o caminho. Jordan não sabe se realmente quer pescar, mas a ideia de poder navegar parece interessante, mesmo que fosse apenas uma canoa.

Capítulo Sete

O Treinamento

*"Paciência e persistência são
as características de um vencedor."*

No dia seguinte, Jordan tem de acordar mais cedo do que esperava. O sol ainda não raiou quando Dixon o acorda, dizendo que precisam sair se ele quiser aprender a pescar.

Mesmo sempre acordando cedo para ir para o trabalho, depois que parou na ilha, seus horários tinham se desregulado, o que o fez se levantar e se vestir estando um pouco sonolento.

Dixon prepara café e os dois tomam. Antes de sair da casa e ir para um pequeno depósito, ainda na propriedade, Dixon apresenta várias iscas, linhas, varas e redes para que Jordan entenda do assunto, mas o fato de não levar nada para fora o surpreende.

– Não vamos pescar? – ele pergunta, assim que Dixon fecha o depósito, de mãos vazias.

– Vamos do começo, você terá um grande treinamento pela frente.

– Treinamento? – Jordan fica um pouco confuso. – Nós vamos pescar ou não?

– Nada nesta vida é feito sem treinamento e paciência, Wilson. – ele vai até um dos lados do depósito, onde há uma canoa e dois remos. – Venha me ajude a levar isso para a praia.

Jordan obedece, pega uma das pontas da canoa nos braços e Dixon faz o mesmo. É um pouco pesado no começo, mas Jordan logo descobre que o trabalho em equipe deixa tudo mais leve.

Andam um pouco em direção à praia, mas Dixon diz que devem deixar a canoa na areia.

– Vamos pescar na areia? – Jordan zomba. – Vamos pegar várias conchinhas assim.

– Por enquanto, sim. – Dixon ignora o tom de deboche e aponta para dentro da canoa. – Sente-se.

– Pra que? – Jordan fica receoso, mas se senta na canoa.

Dixon lhe entrega os remos e lhe instrui para remar na areia.

– O quê? – Jordan dessa vez fica incrédulo. – Pra que eu tenho de fazer isso? Remar na areia? Pra que? Nós deveríamos pescar!

Capítulo Sete – O Treinamento ▪ 55

– Você precisa de um bom condicionamento físico antes de entrar no mar. Precisa aprender a remar aqui antes, se não, poderá ter problemas.

– Tá bom, tá bom. Você que manda aqui, senhor. – ele bufa.

– Comece a remar em movimentos constantes e circulares até sentir seus braços doerem.

– Então podemos ir embora, já estou cansado.

– Eu não disse que iríamos embora. Queria saber se você está remando certo. Se não doer, algo está errado. Continue a remar, está indo muito bem. Paciência e persistência são as características de um vencedor.

– Eu não aguento mais. – Jordan descansa os remos e recupera o fôlego.

– Não pare! – Dixon responde em um tom firme. – Se você estivesse em uma tempestade, já teria morrido afogado. Será que não foi isso que aconteceu com você? Será que você parou de remar contra a maré? Será que desistiu? A gente não pode desistir da vida, Wilson. Não podemos parar de remar.

Jordan analisou as palavras, tentando encaixá-las na sua vida. De um jeito, aquele sermão tanto servia para o acidente no iate quanto para os últimos acontecimentos. Jordan não tinha desistido quando fugiu de iate e aceitado permanecer na ilha?

Uma parte teimosa da sua cabeça tinha dito que ele tinha apenas fugido dos seus problemas, esperando que eles se resolvessem sozinhos, e por isso, a outra parte de si dizia que ele tinha desistido.

– Não pare de remar. – Dixon ordena.

Jordan bufa várias vezes, com raiva.

– Ah, já que você está com problemas para respirar, vamos treinar isso também. – Dixon fala, analisando Jordan. – Notei que toda hora você respira fundo, será que está com problemas? Será que entrou água nos seus pulmões?

Jordan olha pra ele incrédulo, não acreditando no que acabou de ouvir.

– Vamos, respire fundo. Inspire. – ele mesmo inspira. – E expire. – solta o ar.

– Eu não vou fazer isso. – Jordan revira os olhos.

– Vai sim. E quanto mais tempo você enrolar, vai ser pior. Inspire, expire. Inspire, expire. – e repete essa última parte várias vezes.

– Isso aí.

Jordan nota que de tanto ouvir as ordens, acabou inspirando e expirando, como uma criança obediente. Sentiu-se traído consigo mesmo, por ter cedido tão fácil.

– Que tal alguns exercícios de aquecimento? – Dixon sugere.

– Eu vi uma vez que tem uns que chamam de Yoga, acho que era assim... – ele levanta os braços. – Você deveria treinar.

– Tá de sacanagem... – Jordan começa a remar na areia, implorando que eles pulem aquela ceninha e voltem ao exercício anterior. Até mesmo remar parecia melhor que praticar a Yoga idiota de Dixon.

Não se sabe quanto tempo passou fazendo aquilo. O sol já tinha raiado e agora brilhava fortemente no céu. Uma vez por outra olha para seu pulso para ver as horas e se decepciona por não encontrar nada ali.

Algum tempo depois, Dixon dá um intervalo a Jordan para que ele descanse. O dois vão para a sombra de coqueiros e bebem água de coco aberta pelo estilete que Dixon tira de sua bermuda surrada. Observam o mar azul e suas ondas cobertas por espuma branca.

– Aqui é mesmo o paraíso. – diz Jordan, depois de um tempo, sentindo seus músculos ainda doerem.

– É claro que é. – responde Dixon.

Jordan pensa em dizer que o melhor de tudo é que não há sirenes para todo lado nem telefone tocando a cada cinco minutos e xingamentos vindo de motoristas irritados. Que também não há televisões narrando tragédias e crimes nem rádios tocando música ruim e noticiando ainda mais catástrofes. Tudo ali é silencioso e calmo, apenas com o som do mar e as crianças brincando.

Capítulo Sete – O Treinamento ▪ 57

– Venha, vamos voltar Wilson. – diz Dixon, decidindo que já ficou ali tempo o suficiente.
– Agora vamos pescar? – Jordan se anima um pouco.
– Quase. – Dixon esboça um sorriso como se estivesse se divertindo com aquilo tudo.
Jordan não entende e vê Peter se aproximando. Decide ignorar aquilo e começa a empurrar a canoa para a água, entretanto, Dixon ordena para ele ficar de pé nela, ainda na areia.
– Pra que isso? – ele pergunta, voltando a se irritar.
– Você precisa aprender a ficar em pé em canoas, que não há onde se segurar. Até mesmo em barcos pequenos isso é necessário, quando tiver de arrumar as vela no meio de uma tempestade.

Jordan não entende como poderia aprender aquilo na areia, mas assim que fica de pé na canoa, Peter se abaixa perto da ponta dela e começa a balançá-la, fazendo Jordan perder o equilíbrio e cair com tudo na areia.

– Você está maluco? – ele pergunta, irritado e praguejando o máximo que pode, enquanto se levanta e tira a areia do corpo. Ele quer ir para cima de Peter, brigar com ele por ter sido derrubado.
– É parte do treinamento. – intervêm Dixon, segurando Jordan.
– Eu disse que você tem de aprender a se equilibrar. Vamos de novo.

Jordan xinga outra vez e diz que não vai fazer aquilo porque era muita humilhação.
– Você tem de fazer isso se quiser pescar. – explica Dixon.
– Eu não quero aprender a pescar!
Peter olha para o pai, esperando uma resposta, mas Dixon suspira.
– Tudo bem então, Wilson, avise quando estiver pronto.
Junto com o filho, Dixon pega a canoa e volta para casa, deixando Jordan ali sozinho.
– Por que eu tenho de fazer isso? Quem é esse homem que pensa que manda em mim? Jamais fui humilhado dessa maneira! Passei a tarde toda naquela porcaria de canoa remando no seco e

ainda sou derrubado desse jeito? Até parece que vou aceitar isso. E ainda me chamam de Wilson! Como se eu, um executivo bem-sucedido, pudesse ser comparado a uma porcaria de bola!

Quando ele volta para casa, ninguém comenta nada sobre o que tinha acontecido. Ainda irritado, prefere ignorar todos e ficar quieto no seu canto, pensando se deveria ir embora ou se ficava.

Porém, quando Jordan está quase dormindo, ele repensa e se acalma. Ele tinha como ir embora a qualquer momento, mas a ideia de ser preso e ver todo o seu Poder desmoronar o fez reconsiderar.

Ainda não podia voltar para casa.

Resolve conversar com Peter e trazer ele para seu lado. Seria fácil manipular aquele garoto. Percebia que existia algo nele muito próximo a Vincent, era como se um vínculo os unisse, com a diferença que sentia por Peter uma admiração muito grande, pelo seu caráter, humildade, carinho e sua maneira direta de encarar os fatos.

— Peter, tem algo sobre você que me deixa intrigado. Por que obedece tanto seu pai? Parece que sua personalidade se funde a dele.

— Wilson, admiro muito meu pai, ele sempre foi meu amigo, companheiro e exemplo de bondade, honestidade, além de ser um excelente amigo de todos. Eu sigo o líder que existe nele, porque acredito verdadeiramente em suas convicções que passam a ser minhas também. Costumo dizer que seria melhor um bando de ovelhas ser liderado por um leão do que um leão ser comandado por um bando de ovelhas. Meu pai sabe comandar, ele consegue cooperação das pessoas com muita facilidade.

— Você quer dizer que ele tem ajuda dos outros pescadores?

— Não, Wilson, ajuda é totalmente diferente de cooperação. Ajuda as pessoas dão por tempo limitado e não ganham nada. Cooperação significa conseguir o coração das pessoas, elas ganham e você ganha, e as tê-las sempre que precisar, porque sabem que não estão sendo usadas, compreende agora a diferença?

— Compreendo, Vincent, compreendo.

– O quê? Vincent? Quem seria Vincent?

– Não sei o que me deu, desculpe, creio que por um momento enxerguei coisas que nunca observei em minha vida.

Jordan meio desajeitado puxa Peter e lhe abraça fortemente, engolindo o choro.

– Está com saudades de seu filho, Wilson? Lembrou-se dele? Tem a mesma idade que a minha?

– Quantas perguntas, menino! Deixa isso pra lá, vou me recompor, outra hora continuamos nossa conversa.

Jordan vai caminhar sozinho pela praia e sente o peso de nunca ter acompanhado Vincent em seus medos e desafios. Sente um arrependimento enorme e pensa que seu filho poderia ter sido parecido com Peter se ele fosse o pai que Dixon tem sido.

"Tarde demais", ele pensa.

Capítulo Oito

O Autorrespeito É a Raiz da Disciplina

"Estar juntos é um começo; Continuarmos juntos é um progresso. Trabalhar em conjunto é sucesso." **Napoleon Hill**

Na manhã seguinte, Jordan acorda tão cedo quanto Dixon. Ele aceita uma xícara de café e diz que quer tentar pescar de novo. Dixon sorri, acorda Peter e os três seguem juntos para o depósito, onde pegam a canoa e os remos. Vão para a praia e como Dixon tinha instruído, Jordan fica de pé enquanto Peter balança a canoa.

Jordan cai muitas vezes. Algumas crianças passam perto e observam as quedas para depois rirem. Algumas até imitam Jordan caindo, o que o deixa completamente irritado, mesmo que sejam só crianças.

E depois de várias tentativas e vários xingamentos vindo dele, ele começa a ficar de pé, mesmo com os solavancos produzidos por Peter. No fim, começa a se sentir aliviado e tem vontade de chamar as crianças de volta só para mostrar que tinha conseguido.

– Parabéns, Wilson, você conseguiu. – disse Dixon.

Jordan olha torto para Dixon, sem conseguir identificar se aquilo era realmente um elogio ou zombaria. Não estava acostumado a ser elogiado por algo bobo como aquilo, então tinha todos os motivos para desconfiar.

– Agora se sente de novo na canoa e volte a remar. – Dixon lhe entrega os remos.

– Tá de brincadeira, né? – Jordan faz de tudo para não perder a cabeça.

Dixon o encara, sério, e Jordan desiste de discutir.

Depois de remar por um tempão, ele volta a se equilibrar na canoa. Passa o dia intercalando os exercícios. Jordan está exausto no final da tarde.

O que deixa Jordan mais calmo é quando ele é saudado pelo amor familiar e o famoso peixe assado de Dixon. Segundo eles, querem comemorar o avanço nos treinamentos de Jordan, por ele conseguir remar na areia e por se equilibrar.

A única parte que Jordan não gosta é quando ele pergunta a Peter quando foi que ele começou a pescar.

– Foi com sete ou oito anos, por aí.

– E caiu muito?

Capítulo Oito – O Autorrespeito É a Raiz da Disciplina

– Não. Eu não tive que passar por isso.

– Ué? Como não? Vocês não têm todo esse treinamento de equilíbrio? Não teve que remar?

– Claro que não, fui direto para o mar, assim como todo mundo daqui.

– Tá de sacanagem, né? – ele decide falar com Dixon. – Tá achando que sou besta? Por que só eu tenho que fazer tudo isso?

– Todos aqui praticamente nasceram na água – Dixon responde, calmamente. – Eles sempre estiveram no mar pescando, sabem o que fazer. Você acabou de chegar, e mesmo que tenha pescado um dia, não se lembra. É claro que você tem de treinar antes de pescar sozinho.

– Eu só acho que estamos perdendo tempo demais nisso. Eu já podia estar pescando.

– Você é apressado demais, Wilson.

– Tempo é dinheiro.

– Você não trabalha em nenhuma empresa ou multinacional pra pensar assim.

Jordan range os dentes. Precisa de muito controle para continuar fingindo que não se lembra de nada.

– Ou será que você trabalhava em uma? – Dixon olha para ele analisando suas expressões. – Bom, mesmo que trabalhasse, agora você está aqui, sem se lembrar de nada, numa ilha paradisíaca, sem dever nada a ninguém. Você agora precisa viver como as pessoas daqui, tem de aprender os nossos costumes. Ninguém consegue nada sem mudança.

– Mesmo assim, eu não devia estar fazendo isso. É humilhação.

– Você devia ser mais tolerante.

– O que você sabe sobre tolerância?

– E o que *você* sabe? Será que o 'Mandar' não fez parte da sua vida? Tolerância significa suportar levemente a contragosto. Você precisa se controlar mais, Wilson. A sua ansiedade te leva à falta de autocontrole e isso pode te destruir. Você não se lembra de nada, mas ainda assim é intolerante e não faz nada de boa vontade.

— Você não me conhece. Está falando muita besteira, vê se cala a boca.
— Me mandar calar a boca é o melhor que você pode fazer? Alterar a voz é o seu melhor?

Jordan se cala. Dixon olha nos olhos dele e diz:
— A ansiedade é uma neurose de quem tem mais pressa do que tempo, e nós temos todo o tempo do mundo. Fique tranquilo, você está recebendo neste momento o que precisa.
— Eu não preciso de nada.
— Você precisa de disciplina.
— Disciplina?
— Abraham Lincoln disse o seguinte: "O autorrespeito é a raiz da disciplina. A noção de dignidade cresce com a habilidade de dizer não a si mesmo".
— O que você quis dizer com isso? Quem é você pra saber o que Abraham Lincoln pensa? Você é só um pescador.
— Eu não sou *só* um pescador, eu sou *um* pescador, mas por opção. E você? Está falando tanto, mas não se lembra de nada. Posso ter mais cultura do que você.
— Duvido.
— Pode duvidar à vontade, mas agora, você tem de lavar a louça.
— O quê? — Jordan fica transtornado.
— Você tem de lavar a louça. Nós cozinhamos você lava.
— Não precisa amor. — diz Celeste, envergonhada. — Eu e a Janine vamos limpar tudo.
— Não, não, ele vai lavar.
— Hã? — ele não consegue acreditar naquilo. Ele nunca lavava a louça, por que tinha de fazer aquilo? Era algo incabível!
— Até mesmo Janine e Peter ajudaram e você só ficou parado, assim como ontem e antes de ontem. Nada mais que justo, não? Todos têm de cooperar. Vai lá, Wilson. — ele entrega seu prato para Jordan.

Capítulo Oito – O Autorrespeito É a Raiz da Disciplina

Jordan pega o prato da mão de Dixon com má vontade e depois recolhe os dos outros. Leva tudo para a cozinha e joga os pratos em cima da pia. Irritado e praguejando, ele começa a detestar o lugar. Ele era visita ali e tinha sofrido um acidente, como Dixon ousava mandar que ele lavasse tudo?

Jordan ouve todos da família conversando e rindo, e isso só faz piorar a situação. Enquanto ele sofre lavando a louça, todos se divertem às suas custas!

Ainda irritado, deixa os pratos molhados em cima da mesa, sem fazer questão de secar, e vai dormir, enquanto pensa:

"Idiota. Quem ele pensa que é? Falando comigo desse jeito! Francamente, se eu contasse o quão rico eu sou, ele se ajoelharia a meus pés! Ele fica falando sobre todas essas baboseiras, querendo bancar um filósofo! Se ele soubesse tudo o que eu passei, tudo o que eu sei, todo o dinheiro que eu tenho, todos os prédios que eu construí, todas as pessoas influentes que eu conheço... Ele que viria a mim querendo ajuda!".

Às cinco horas da manhã, Dixon vai acordar Jordan para eles irem treinar.

– Eu não vou. – Jordan responde.

– Ah, então é assim? Vai desistir? Esse é o seu melhor?

– Eu nunca desisti de nada, você não me conhece.

– Nem você. Levante-se, cara, vamos lá. Trabalhe o lado humilde que existe em você, vai te fazer muito bem. Se você tiver uma família, e acredito que tenha, eles devem sentir falta desse seu lado.

– Você não me conhece. – Jordan repete.

– Como eu disse, nem você se conhece. Deveria tentar se compreender. Anda logo, temos muito trabalho pela frente.

Jordan decide ir, ainda irritado, achando que só assim fará Dixon largar do pé dele.

E já na praia, Dixon explica:

– Agora você vai aprender a cair e subir. É um trajeto simples. Você vai empurrar a canoa para a água, vai subir nela, se equilibrar, vai cair para o lado direito, subir de novo, voltar para a beira, descer da canoa e trazê-la para a areia.

– O quê? – Jordan não consegue entender.

– Você precisa ter noção de como é entrar e sair do mar e como agir quando acontecer um problema e o barco virar.

– Mas...

– Anda, vamos lá, não enrole, comece isso logo.

Jordan resmunga qualquer coisa e puxa a canoa para a água, sem ajuda. Quando a água está nos joelhos, ele sobe na canoa e rema um pouco para longe, seguindo orientação de Dixon. A meta não é ir muito no fundo, para que quando Jordan caia na água, ela bata um pouco acima da sua cintura.

Fica de pé na canoa e se desequilibra um pouco com as ondas do mar, porém não cai. Orgulhoso por seu equilibro, ele sorri para Dixon, que, para seu azar, entra na água, vai em direção à canoa e a balança, fazendo-a virar e Jordan cair.

– Você... – ele se engasga um pouco com a água salgada. – Está maluco?

– Você tem de virar o barco, tem de cair. – Dixon explica. – E cuidado com os remos! – aponta para os remos que flutuam na água.

Com muito esforço, Jordan consegue desvirar a canoa, nada até os remos e os traz de volta. E com mais esforço ainda e várias tentativas falhas, sobe no barco. Rema para a beira e desce na areia, respirando fundo de cansaço.

– Continue, você tem de fazer isso várias vezes. – diz Dixon.

Jordan xinga baixinho enquanto empurra a canoa de volta para o mar e se prepara para repetir o processo. Começa a pensar em sua antiga vida. Se alguém tivesse lhe falado há alguns meses que ele um dia pararia numa ilha no meio do nada e seria treinado por um pescador numa canoa velha, Jordan riria da cara da pessoa. Ele era um homem de negócios e tinha um iate próprio. Também tinha dinheiro para comprar uma ilha se quisesse ter lazer. Nunca que passaria na cabeça dele que um dia teria a pele queimada de sol e se alimentaria todos os dias de peixe.

Capítulo Oito – O Autorrespeito É a Raiz da Disciplina

Incrível como a realidade muda. Num dia, um homem bem-sucedido preparando sua biografia. No outro, aprendendo a se equilibrar num barco para poder pescar seu próprio peixe.

Várias horas depois seguindo aquele ritmo, Dixon pediu que ele parasse e descansasse um pouco. Podendo respirar longe da água salgada, Jordan ouviu Dixon contar várias de suas aventuras no mar. Dias e mais dias sem poder voltar pra casa, noites solitárias, lugares que tinha visitado sem querer, problemas e tempestades, aquele homem tinha muitas histórias para contar.

A vida era difícil, mas não seguia uma rotina. Cada dia era uma nova descoberta.

– Vamos lá. – ele diz, depois de finalizar uma história sobre como quase morreu uma vez, no meio de uma tempestade. – Você ainda tem trabalho pela frente.

Jordan assente e os dois voltam para perto da canoa. Já criando expectativas, Jordan já imagina que finalmente vão pescar, mas aquele pescador era um homem cheio de surpresas.

– Parabéns, você caiu várias vezes para o lado direito. Tá na hora do lado esquerdo agora.

Reclamando mentalmente, Jordan obedece, cada vez mais reconsiderando em ir embora dali.

"Senhor, dai-me paciência, porque se me der força eu mato ele", repete baixinho, como seu novo bordão.

E de noite, Jordan tem uma grande surpresa. Enquanto todos se arrumam para preparar o jantar, Dixon dispensa a família e diz que ele e Jordan prepararão um ensopado de peixe.

– Mas eu não sei cozinhar! – Jordan tenta sair de cena.

Está tudo bem, eu vou te ensinar. – Dixon responde, num sorriso. – Vai ser muito fácil. Confie em mim.

Capítulo Nove

Cair para Se Levantar

"*Nunca fiz nada que valesse a pena fazer por mero acaso, nenhuma de minhas invenções surgiu por acidente, elas surgiram do meu trabalho.*" **Thomas Edison**

Surpreso e curioso, Jordan obedece cada passo de Dixon, seja limpando o peixe, picando algum legume e cozinhando tudo no fogão a lenha. Ele até mesmo colhe algumas hortaliças na pequena horta do lado da casa e lava tudo.

Todos parecem querer saber o que vai surgir dali, passando a cada cinco minutos na cozinha para ter certeza se vai dar tudo certo e ninguém vai por fogo na casa. Para a surpresa de Jordan, Dixon diz para a família não se preocupar, porque mesmo sem memória, Jordan é um cozinheiro nato.

Isso deixa Jordan completamente feliz, porque foram poucas as vezes que ele cozinhou na vida, só mesmo quando era adolescente e precisava se virar, mas nunca era algo que ele realmente tinha vontade de fazer.

– Pelo cheiro, está ficando bom. – Celeste passa pela cozinha.

– Vai ficar. – Dixon diz, instruindo Jordan a mexer o ensopado na panela de barro.

– É bom aumentar tudo aí. – Peter também aparece. – Ruth e os pais dela também estão vindo.

– Ruth? – Jordan pergunta, depois de provar o sal.

– É a namorada do Peter. – Janine diz, em tom de deboche. – Você vai achá-la estranha, Wilson, afinal, ela é estranha.

– É uma boa moça. – diz Celeste, desaprovando a filha. – Pare de implicar com ela.

– Ela quer ser pescadora também. – Janine ignora a mãe. – Onde já se viu, mulheres pescando?

– Algumas podem ser melhores que os homens. – Jordan se vê dizendo, para sua surpresa.

Apesar de não se considerar machista, sempre preferiu que a sua ex-esposa passasse o dia em casa, sem ter de trabalhar. Eles eram milionários, Marie não precisava se estressar com trabalho nenhum.

– Viu só. – Peter bagunça o cabelo de Janine. – Até o Wilson gostou da Ruth antes mesmo de conhecê-la. Só você que não gosta dela. Tem ciúme que eu nunca mais ligue pra você.

Janine começa a dizer que não se importava com Peter, apesar de seu rosto provar ao contrário. Jordan fica analisando a cena, pensando em seus próprios filhos outra vez. Julie e Vincent não eram do tipo que implicavam um com o outro de brincadeira. Eles mal se falavam, cada um preso nos seu próprio mundo.

Dixon pede que Jordan limpe mais peixe, já que terão mais visitas. Em outra panela de barro, começam um segundo ensopado, repetindo todo o procedimento de antes. Isso deixa Jordan um pouco nervoso. Ele não esperava ter visitas, ainda mais a namorada de Peter. Não estava acostumado a ser testado nem mesmo errar. E se o ensopado ficasse ruim? O que falariam dele?

– Não se preocupe Wilson. – Dixon percebe o nervosismo de Jordan. – Pelo cheiro está muito bom. Eles vão gostar. Agora pique essas cebolinhas para colocarmos em cima do ensopado. Você aprendeu aquele dia com Janine, certo?

Jordan assente, tentando não se preocupar muito.

Quando o ensopado está quase pronto, Ruth e seus pais chegam. Ela parece realmente ser uma boa garota e ri quando o apresentam como Wilson. Estranhamente, sentiu-se orgulhoso de Peter ter escolhido uma boa companheira, e novamente ficou perdido por não saber nada sobre Vincent.

Logo o jantar é servido e Jordan aguarda ansioso pela nota final. Assim que todos terminam, os elogios são constantes, o que deixou Jordan envergonhado. Não era acostumado a agradecimentos sinceros. Quando alguma revista elogiava seu poder, era por causa do seu trabalho, e não sentia mais que obrigação. E ali, naquela casa, estavam comentando algo que ele se preocupou em fazer o melhor, justamente para agradar aos outros.

– Tenho de admitir... – Janine diz, mostrando a língua para o pai. – Ficou melhor que o seu peixe, papai.

– Ele aprendeu com o melhor. – Dixon brinca.

Jordan sorri. Estranhamente, ele se sente bem e agradecido só por terem gostado.

O problema é quando Dixon lhe entrega seu prato, para que ele lavasse.

– O quê? – ele fica confuso.

– Pode ir lavar.

– Amor, por favor, chega com isso... – Celeste fica envergonhada, ainda mais por causa das visitas.

– Pode deixar que eu vou lavar. – Ruth se prontifica.

– Não, não. – Dixon é firme e sério. – O Wilson vai lavar.

– Mas... a regra não é: "Nós cozinhamos, você lava"? Hoje eu ajudei a cozinhar, por que tenho de lavar?

– Sim, é essa a regra, mas toda regra tem exceção. Nunca faça as coisas por alguém esperando só fazer aquilo. Sempre faça mais que o combinado. E essa é uma forma de agradecer pela hospitalidade.

Jordan estreita os olhos e bufa. Dixon sorri ironicamente e diz para todos:

– Nunca fiz nada que valesse a pena fazer por mero acaso, nenhuma de minhas invenções surgiram por acidente, elas surgiram do meu trabalho. Conhece a história do Thomas Edison? Essa frase foi dita por ele.

Jordan se irrita e esbraveja:

– Você não se cansa de contar historinhas? Fica toda noite lendo esses livros só para mostrar inteligência, me poupe!

Dixon se diverte com a situação e com a falta de tolerância de Jordan, levanta-se e o abraça pelas costas.

– Olha gente, o Wilson tem problemas de respiração, sempre fica respirando alto. Eu lhe mostrei alguns exercícios para ele melhorar isso, mas parece que ainda não resolveu. Vamos todos inspirar e expirar para mostrar a ele como se faz.

Todos ali, a princípio constrangidos, obedecem Dixon e respiram fundo. Não param até Jordan fazer o mesmo, algo que ele demora a fazer, tentando teimar ao máximo.

Assim que ele obedece, Dixon lhe entrega a louça e Jordan, derrotado e muito irritado, quase bufa outra vez antes de ir para a cozinha. Precisou de muito controle para não "desobedecer" e jogar todos os pratos em Dixon.

Só não esperava todos irem para a cozinha. Enquanto ele lava, os outros secam, guardam, fazem o café e limpam o chão. A cooperação e a animação de todos ali em ajudar o surpreende.

Quando vai dormir, Dixon pergunta:
– Foi tão ruim assim esta noite?
– Só a parte de lavar a louça. Só que todos ajudaram, até que não foi tão ruim.
– Estar juntos é um começo; Continuarmos juntos é um progresso. Trabalhar em conjunto é sucesso.
– Quem disse isso?
– Napoleon Hill.
– Não faço ideia de quem seja.
– Ele talvez tenha sido o homem mais influente na área de realização pessoal de todos os tempos. Dizia que "o que a mente do homem pode conceber e acreditar, pode ser alcançada".
– Hm...
– Você deveria pesquisar mais sobre ele. Seria bom pra você.
– Que seja.– Jordan se sente indignado por perceber que um pescador sabe mais frases de efeito que ele. Lógico que sabia quem era Napoleon Hill, já lera todos os seus livros e enviara todos os seus líderes para fazer o curso *Master Mind*, ele mesmo entendia que não precisava, sabia muito e seu copo estava sempre cheio, transbordando para as novas ideias.

Jordan decide mudar de assunto para não ter de aguentar mais aquela conversa.

No outro dia, Jordan quase se esquece de que tem de pescar. Depois de passar um tempão lavando a louça e conversando sobre o sistema de pesca local, acabou dormindo tarde demais, então quando Dixon vai acordá-lo, Jordan fica um pouco perdido e cansado.

Os dois seguem para a praia onde Dixon instrui os mesmos exercícios do dia anterior, mas desta vez, Jordan precisará ir mais para o fundo. Conforme ele avança e melhora nos resultados, mais longe da beira ele precisa ir.

– Eu não vou conseguir fazer isso. – Jordan diz, antes de cair na água, quando já está bem no fundo.

– Se não conseguir você passará o dia todo treinando no raso. – grita Dixon da areia, devido à distância deles. Ele entra no mar depois disso e fica com a água batendo um pouco abaixo dos ombros.

Jordan suspira, sem Dixon ver, e se joga no mar. Seus pés não tocam o fundo nem mesmo quando ele se força a afundar. Tudo que vê ao olhar para baixo é a água azul límpida, sem nenhum sinal de chão.

– Você deu sorte hoje, o mar não está muito agitado. – grita Dixon.

Jordan não responde, concentrando-se em sua tarefa. É muito mais difícil subir no barco sem o impulso dos pés, e até ele conseguir, são necessárias várias tentativas que só resultam em desespero e quase afogamentos. Por sorte, ele consegue uma vez, mas assim que vira o barco de novo para repetir o exercício, ele falha.

– Eu não consigo fazer isso!

– Você acabou de conseguir, é só fazer a mesma coisa de novo!

– Eu não consigo! – ele começa a se irritar consigo mesmo.

– Não desista, Wilson! Nunca diga "eu não consigo". Você consegue, você pode, você realiza.

– Eu não... – ele se levanta um pouco antes do barco virar em cima dele e quase afogá-lo.

Quando se recupera, ele mesmo decide voltar para o raso onde treinará o máximo que pode. Sente-se contrariado por não conseguir algo aparentemente fácil como aquilo. Queria desistir de tudo, das tarefas, até mesmo de pescar, mas se odeia só de pensar no olhar reprovador de Dixon.

Sempre que as pessoas disseram que ele não ia conseguir, fez de tudo, arriscou o que tinha e seguiu em frente, só para provar que era capaz. Por que ali seria diferente? Ele mesmo sabe que não pode se deixar perder para algo tão simples, justo por ter se tornado um desafio.

Capítulo Nove – Cair para Se Levantar

Depois de conseguir subir no barco no raso, decide voltar para o fundo, onde parece algo impossível. Novamente não consegue e tudo o que tem é o barco virando em cima dele.

– Desista. – Dixon decide mudar sua tática. – Você não vai conseguir.

Jordan range os dentes e se prepara para subir novamente.

– Eu vou sim. – ele força os braços.

– Não vai não, você está fraco ainda, precisa treinar o remo para fortalecer seus músculos. Pode parar, volte para a areia.

– Não! – Jordan vocifera, no auge da sua competividade. – Eu vou subir!

E realmente ele consegue. Assim que fica de pé e se equilibra na canoa, acaba se deitando um pouco para descansar. Respira fundo, tentando retomar o fôlego e passa a mão no rosto, para se livrar do suor misturado com água salgada.

– É, você conseguiu. – Dixon nada até a canoa.

– Eu disse que conseguiria.

– Agora, faça de novo. – e com toda a sua força, Dixon simula que vai subir no barco, o que o faz virar outra vez e derrubar Jordan.

– Seu filho da mãe... – Jordan grita, subindo à tona. – Por que fez isso?

– Você precisa treinar. – Dixon nada de volta para o raso. – Anda, faça tudo de novo.

E é só no final da manhã, quando o sol está a pino, que Dixon decide que Jordan já treinou demais. Os dois voltam para casa para almoçar e tudo o que Jordan mais quer é parar em algum canto, que fosse até mesmo uma rede, para poder dormir.

Ele começa a entender por que os pescadores faziam sua cesta depois do almoço.

Só que Dixon não vai deixá-lo em paz tão cedo. Quando Jordan se encosta a uma rede para descansar, depois de lavar toda a louça, Dixon puxa uma cadeira para perto e decide falar sobre negócios.

– Ontem você pareceu animado quando conversamos sobre os pescadores. – comenta Dixon. – Será que você era um empresário?

– Céus, eu não me lembro. – Isso sai como um "Céus, eu preciso de paciência aqui, porque esse homem não quer acreditar em mim".

– Isso vai ser um mistério, mas mesmo que não seja, você parecia ter aptidão para lidar com dinheiro. Quem sabe consiga algo aqui com isso. Alguns pescadores não tem noção nenhuma, você poderia ajudar.

Jordan pensa em perguntar como ele poderia ajudar, mas ele já sabe. Por todo o tempo na praia e observando outros pescadores, ele já tinha pensado em como todos ali poderiam trabalhar para ter lucro. Pensar nisso era algo fácil para ele, que não exigia esforços e era um pouco involuntário, como respirar e piscar os olhos.

– O que você sugere que eu faça? – pergunta Dixon, querendo saber o que se passa na mente de Jordan. – Acredita que eu poderia melhorar na pesca de que jeito?

Ele tem vontade de citar vários livros de negócios e revistas que leu, mostrar sua cultura e pela primeira vez humilhar aquele homem que já o tinha diminuído tanto. Só que há um dilema: Jordan não pode se lembrar de nada.

– Quem sabe? – ele fecha os olhos, tentando dormir.

– Amanhã eu vou sair cedo para pescar com Peter, então você terá o dia livre. Quando voltarmos, iremos ao mercado vender a pesca, até lá você pensa em alguma coisa.

– Pode ser. – ele não tem certeza de nada, quase agradecendo por ouvir que terá o dia de folga.

– Mas hoje ainda é hoje e você precisa treinar. – Dixon se levanta de sua cadeira. – De volta para a praia.

Jordan começa a bufar, mas para no meio do caminho. Não quer passar pela humilhação de aprender a respirar direito. Esgotado e vencido, ele se levanta da rede e os dois voltam para a praia, onde ele tem certeza de que vai ser ainda pior.

E com certeza é. Ainda mais no fundo e consideravelmente longe da beira, além de ter de cair de um lado para o outro, Dixon diz que ele vai aprender a remar na água.

Peter aparece com uma canoa extra que pegou emprestada do vizinho e entrega para o pai, que, junto com Jordan, no fundo, rema de um lado para o outro.

No final da tarde, os dois já estão fazendo corrida para ver quem chega a determinado ponto primeiro. A competitividade e a sede por vencer de Jordan ajudam nessa hora, mas a experiência de Dixon o deixa na frente várias vezes.

– Você deu sorte. – Jordan debocha quando terminam os exercícios e eles vão para casa.

– Aham... – Dixon ironiza.

Capítulo Dez

Aproveite Bem o Dia

"Amor é a base de tudo, assim como a comunicação. Uma família unida permanecerá unida até na hora do aperto e sairá dessa. Sendo rico ou pobre, sem amor, ninguém vai para frente."

O dia de folga de Jordan passa mais rápido do que ele espera. Quando ele acorda de manhã, percebe que Dixon e Peter já saíram para pescar e quando nota, já é tarde e eles estão de volta. Ele passou o dia inteiro sem fazer nada, só dando voltas pela ilha, pensando na ex-mulher, nos filhos e na nova família com a qual estava convivendo.

Ver Peter e Janine se darem bem com os pais o fazia se perguntar o que ele tinha feito de errado com Julie e Vincent. A família de Dixon não era rica nem chegava aos pés disso. Não tinham muito conforto e a casa humilde era apenas mais uma casa no meio de tantas outras. Ele ouvia Janine reclamar que precisava ir ao continente e seu pai nunca a levava porque os custos eram altos. Eles sempre se privavam de muitas coisas vivendo do jeito mais simples possível.

E ainda assim, mesmo sem dinheiro, eles eram felizes e estruturados. Qual era a fórmula para isso? Jordan queria dizer que a riqueza afasta as pessoas, mas até mesmo na sua infância, quando nem sonhava em ser milionário, também tinha problemas com a família, então não tinha certeza onde tinha errado.

Ele sempre procurou dar tudo do melhor para os filhos. Pagava colégios caros, cursos de línguas, até mesmo de música, bancava saídas e viagens, festas e dava presentes caros. Tudo o que eles pediam Jordan não negava, porque sabia como era duro querer e precisar de alguma coisa e não ter. Não queria que seus filhos sofressem a mesma coisa que tinha sofrido.

Mas mesmo assim, com dinheiro e liberdade, os problemas eram constantes. Tentava tapar o sol com a peneira, mas tinha chegado a uma época em que não conseguia mais fingir que estava tudo bem. Vincent o odiava e todos diziam que tinha depressão, cada vez mais entrava no mundo das drogas. E Julie, antes a sua querida caçula que parecia uma princesinha, ia ao mesmo rumo do irmão, tornando-se uma menina irresponsável, avoada, que trocava de namorado todos os dias e conhecia ainda mais os efeitos de alucinógenos.

Capítulo Dez – Aproveite Bem o Dia

E Marie... ah, Marie, onde ele tinha errado com ela? Tantas viagens luxuosas que os dois fizeram, tantos presentes caros, colares de diamantes, roupas de grife, eventos sociais, um cartão de crédito sem limites... Não era isso que fazia uma mulher feliz?

Pelo visto, não. Celeste era o exemplo vivo de que não precisava de dinheiro para esbanjar felicidade. Sendo humilde e simples, não se importava em morar em uma casinha de madeira, trabalhar numa horta todos os dias e ajudar no artesanato local.

– O que está pensando?

Jordan toma um susto e olha em volta. Percebe que está no mercado da ilha, junto com Dixon. Quanto tempo tinha passado perdido em seus pensamentos? Pelo visto, o seu modo automático ainda funcionava muito bem.

Jordan balança a cabeça, preferindo não contar nada por enquanto. Prefere dar atenção ao que está fazendo ali, vendo Dixon vender os peixes que pescou para alguns mercadores. A pesca não tinha rendido muita coisa, mas seguindo uma margem, Jordan pergunta os valores médios e vai sugerindo o que Dixon pode fazer para ter lucro.

Quando terminam as vendas, o dois vão para um bar perto do mercado e mesmo Dixon dizendo que não quer e não deve beber, Jordan insiste e já pede uma cerveja.

– Trabalho e álcool não combinam. – Dixon observa.

– Hoje estou de folga.

Eles escolhem uma mesa. E enquanto Jordan bebe, ele volta a pensar na sua família e, por esse motivo, quer beber ainda mais, desejando que tivesse mesmo perdido a memória para não ter de ficar naquela briga interna.

– Está tudo bem? – Dixon volta a perguntar.

– Sim. – Jordan sabe que não pode explicar sobre sua família, então prefere mentir.

– Você parece preocupado com alguma coisa.

– Não estou.

– Será que esqueceu algo importante?

– Como vou saber?
– Talvez esteja sentindo falta da sua família.
– Eu não tinha família. – isso soa como uma verdade, não no sentido que ele não se lembra, e sim que não tinha família. Ele para e pensa um pouco. – Não que eu me lembre.
– Talvez você tenha e esteja sentindo falta deles, só não se lembra disso.

Jordan dá de ombros e volta a beber. Ele começa a pensar se deve pedir conselhos a Dixon ou não, e tenta achar um jeito de perguntar isso sem revelar que se lembra de tudo.

– Você tem uma boa família. – ele diz. – Todos se dão bem.
– Sim. Mas como toda família, nós temos nossos problemas. Brigamos, fazemos as pazes... temos uma boa relação.
– E o que fazem para ter isso? Vocês moram numa ilha perdida no meio do oceano... – ele não sabe como dizer aquilo. – Não são muito ricos nem nada.
– Claro que somos ricos. – Dixon ri.

Jordan olha pra ele com uma sobrancelha arqueada.

– Defina riqueza, Wilson.
– Ter muito dinheiro, poder viajar pra onde quiser, poder fazer o que quiser... ter uma casa enorme, vários carros na garagem... – ele pensa nos barcos pesqueiros. – ter uma lancha, um iate... uma grande empresa...

Dixon sorri, compreendendo. Ele tira algumas notas de dinheiro do bolso, coloca sobre o balcão, pagando a conta, levanta-se da cadeira, chamando Jordan para fora do bar.

– Venha comigo, você já bebeu demais.

Eles andam pelas ruas até se aproximarem da casa, onde toda a família e mais alguns vizinhos preparam o jantar. O sol está se pondo e, além da casa, o mar azul esverdeado contrasta com o céu laranja e rosa. Pássaros voam no céu indo para suas casas, crianças brincam no quintal, os adultos riem e conversam preparando o lado de fora para um grande jantar.

Celeste, depois de por uma toalha florida em cima de uma mesa posta recentemente ali fora, olha em volta e os encontra. Acena e dá um sorriso, além de informar a todos na casa que os dois estão chegando.

– Olhe em volta, Wilson. – diz Dixon, antes de se aproximarem da casa. – Olhe essa paisagem, esse céu limpo, o mar, todo esse espaço... As crianças rindo, todo mundo se divertindo... Não podemos ter rios de dinheiro, mas todo dia há motivos para festa e comemorações. Todo dia dividimos o pouco que temos para todos ficarem satisfeitos. Há cooperação, amizade, companheirismo, bom humor, felicidade... Todos esquecem o trabalho árduo, o estresse da vida, as dores de cabeça, o sol quente, e nessa hora, só querem ser felizes, só querem relaxar. Qualquer motivo é razão para ter festa. Não precisamos realizar coisas impossíveis para sermos felizes. Ficamos alegres com o mínimo detalhe. Para mim, essa é a maior riqueza do mundo.

Jordan fica pensando naquilo por um tempo. Por um lado faz sentido, mas...

– Na teoria, isso é fácil. – ele diz.

– Na prática também, Wilson.

– Não, não é. As pessoas tendem a dizer que não precisam de dinheiro para ser felizes, que só amor basta, mas na hora que aperta... ninguém vive de amor. Há contas, despesas para se pagar. Muita gente não tem nem o que comer, imagina o desespero de pais não podendo alimentar os filhos chorando... Amor não substancia ninguém.

– Você já passou fome?

– Eu não me lembro. Mas imagino como seja. – sabia disso mais do que ninguém.

– Hm... é sim, é pior ainda. Já passamos por apertos aqui que no momento foram difíceis de lidar, mas passaram e nós demos a volta por cima. E eu não disse que vivemos de amor e que dinheiro não é importante. Se fosse assim, eu nem pescaria. Eu só quis dizer, Wilson, que o amor é a base de tudo, assim como a comunicação. Uma família unida permanecerá unida até na hora do aperto e sairá dessa. Sendo rico ou pobre, sem amor, ninguém vai para frente. Você pode ser o cara mais rico do mundo, mas se não tiver um bom relacionamento com sua família, vai ser o cara mais pobre. Riquezas materiais podem encher o bolso e barriga, mas não enchem o coração.

A cabeça de Jordan martela por dentro. Uma parte diz que aquilo é apenas teoria, mas a outra o faz pensar. Numa briga interna, ele não diz nada. Apenas anda em direção a casa, e Dixon, é claro, o segue.

– Quem disse que dinheiro não compra felicidade não sabe o que está perdendo. – ele começa a pensar em tudo o que comprou, todas as viagens que fez e todas as festas e eventos a que foi... Tudo em nome do dinheiro.

– Mas não compra mesmo. Não estou sendo hipócrita aqui, mas é pelo o que eu sei. O dinheiro pode lhe proporcionar momentos felizes, mas a verdadeira felicidade duradoura só se consegue com uma família unida, a autorrealização, um bom relacionamento com todos...

– Se você acha...

– Você acredita em amizade, Wilson?

– Eu acredito em interesse.

– No final, não nos lembraremos de problemas, falta de dinheiro ou dos nossos inimigos, e sim da nossa família, das pessoas que nos acompanharam de perto.

Eles finalmente chegam a casa e não voltam a conversar sobre o assunto. Jordan permanece em sua briga interna, ainda acreditando que as coisas não funcionam daquele jeito, que é tudo conversa fiada e pouca produção.

Capítulo Onze

O Preço da Desobediência

"Os homens erram, os grandes homens confessam que erraram." **Voltaire**

Finalmente, o dia de Jordan poder pescar está se aproximando. Depois de muito treino, muita dor de cabeça e muita briga, Dixon anuncia que Jordan pode pegar o barco e navegar sozinho no mar, para poder ver o que ele encontrará no caminho.

– Só não vá muito longe. Se acontecer alguma coisa, eu não poderei ir te ajudar.

– Não é mais fácil você ir comigo, Dix? – Jordan pergunta. – Assim poderemos ir mais longe.

– Não. – então ele olha em volta. – Está vendo aquele braço da ilha? – aponta para a pequena península que avança ao mar. – Não passe de lá.

– Mas como eu vou pescar assim? Está muito perto da areia.

– Você não vai pescar ainda. Só vai navegar.

Jordan respira fundo, sem que Dixon note.

– E se alguém precisar de ajuda, você volta.

Jordan dá de ombros. Quem precisaria de ajuda naquela ilha? Não havia qualquer barco no mar, visto que a maioria tinha saído para pescar de madrugada e todos pareciam querer ficar em terra. Não havia problemas.

Jordan empurra a canoa em direção à água e sobe nela, pronto para aproveitar. Pega os remos e não se despede de Dixon, que fica na areia só observando. Ele começa a remar e quando percebe, chegou ao máximo que lhe fora permitido. Jordan olha para trás, só vendo a praia, sem discernir Dixon na areia. Ele só ouve os apitos de Dixon, mas só de pensar que ele não pode impedi-lo, isso estranhamento o anima.

– Caramba. – ele diz para si mesmo, sentindo a maior sensação de liberdade que já sentira na vida.

Sentia-se liberto e tranquilo. Não precisava de família, não havia policia federal para prendê-lo, nenhuma escritora relatando fatos que ele queria esquecer, filhos problemáticos, nenhum pescador lhe dando lições de disciplina... nada, era só ele ali, naquele oceano gigante.

Capítulo Onze – O Preço da Desobediência

– Por que eu tenho de só ficar aqui? Por que não posso seguir mais adiante?

Ele decide ignorar e rema para mais longe ainda. Pensa que se fizer isso, conseguirá provar que já pode pescar e não terá mais nenhum treino. Então ele ouve gritos e olha em volta. Dois pescadores viraram seu barco um pouco longe de onde estava e estão tentando desvirar.

Os pescadores acenam para ele e Jordan responde o aceno. Ele sabe que os pescadores vão conseguir desvirar o barco, por estar perto da costa e por fazerem isso desde sempre. Não há motivo para preocupação. Ele mesmo caiu várias vezes do barco. Aquilo dali só seria uma história para contar.

Ele segue seu caminho, afastando-se ainda mais da costa. Nada vai impedi-lo de navegar por aquele mar azul e calmo. Rema um pouco mais e para. Admira a paisagem, só vendo o mar à sua volta e a ilha lá no horizonte. Em volta da canoa, peixes brincam perto do casco e Jordan encara seu próprio reflexo na água.

Ele não é mais aquele executivo que estava acostumado a ser, pelo menos não fisicamente. A barba precisava ser feita e o cabelo, cortado. Estava bronzeado por passar os dias debaixo do sol e suas roupas agora eram todas doações dos vizinhos. Sem ternos, relógios caros e celulares que custavam uma fortuna. Tinha ido do topo do mundo ao fim em um mergulho desastroso, literalmente.

Mas, de um jeito muito estranho, ele não se sentia estressado ou cansado. Irritado, talvez, por causa de todos os exercícios, porém seu espírito estava em paz.

– Talvez tudo dê certo. – ele diz para si mesmo, voltando a remar.

Dá mais algumas voltas pelo oceano e, mais tarde, quando o sol está a pino, decide voltar para descansar. Está orgulhoso de si mesmo por ter conseguido ir tão longe sem nenhum problema.

Quando finalmente chega à areia, Dixon e Peter o estão esperando.

– Vocês viram? – Jordan grita triunfante. – Eu consegui.

Os outros dois não dizem nada, apenas pegam a canoa e seguem andando em direção à sua casa.
– O que houve? – Jordan fica confuso.
– Você não vai mais pescar. – Dixon nem se vira pra falar com ele.
– Por que não?
Ninguém responde até eles chegarem a casa. Guardam a canoa e assim que Peter se afasta, Dixon olha torto para Jordan.
– Você precisa ir embora.
– O quê? Por quê? O que foi que eu fiz, Dix?
– Ou então arrume uma casa aqui pra você.
– Eu não entendo...
– O que você pensa que vai fazer? Morar lá em casa pra sempre de graça? Nós estávamos esperando você recuperar a memória, pelo visto isso não vai acontecer nem tão cedo.
– Mas eu vou ajudar...
– Como? Como você vai ajudar?
Jordan hesitou. Ele ainda não sabia. Estava quase há duas semanas ali e não tinha passado pela cabeça dele que estava atrapalhando ou que deveria ir embora.
– Eu tentei te ajudar, Wilson. – Dixon resmungou, andando de um lado pro outro. – Eu disse que ia te ajudar a pescar. Eu parei o meu trabalho para te ensinar. E você sempre agiu de má vontade. Nunca quer ajudar ninguém, não pensa em outra pessoa além de si mesmo e não sabe obedecer. Lembra que eu disse para não se afastar muito?
– Ah... mas é isso? Toda essa cara feia só por isso?
– E sobre ajudar quem você visse? Dois pescadores tiveram problemas hoje, você passou do lado e não fez nada.
– Eu achei que conseguiriam, até deram tchau pra mim.
– Deram tchau? Eles acenaram pedindo ajuda, seu egoísta! A gente não para pra "achar" que alguém vai sobreviver quando estão se afogando. A gente para pra ajudar!

Capítulo Onze – O Preço da Desobediência ▪ 89

– Meu Deus, por que está tão irritado? Calma, nossa Senhora. Eles sobreviveram, certo? Está tudo bem.

– Não está tudo bem! Pare de pensar em si mesmo e tente cooperar.

– Tá, tá, que seja. – Jordan respira fundo. – Eu vou ter mesmo que arrumar um lugar pra ficar?

– Sim.

– Vai me expulsar só porque eu não parei pra dar uma de super-herói e salvar duas vítimas?

– Sim.

– Vá tomar banho, seu velho. – Jordan desiste de vez e dá as costas.

Dixon olha pra ele, perplexo.

– Quantos anos acredita que eu tenho?

– Sei lá, setenta? Oitenta? Quem se importa?

– Eu tenho cinquenta e quatro, Wilson.

Jordan piscou algumas vezes. Então eles tinham a mesma idade, Dixon só era um pouco menos conservado por causa do sol, mas ainda assim tinha mais condicionamento físico.

– E você? – Dixon pergunta. – Quantos anos tem?

– Se eu me lembrasse, estava bom.

Dixon dá os ombros e segue para dentro de casa.

– O que eu tenho de fazer? Como vou arrumar um lugar para ficar?

– Vai saber. – Com essa teimosia sua você não vai muito longe.

Ele entra, deixando Jordan do lado de fora, sem saber o que fazer. Decide dar uma volta pela ilha. Não conhece ninguém o suficiente para pedir ajuda nem mesmo sabe como construir uma casa. Sempre fez projetos de edifícios e construções exuberantes, mas nunca colocava a mão na massa. Aquilo ia ser muito complicado.

Quando volta, ao meio-dia, Dixon está na varanda da casa, mexendo em varas e iscas. Ele parece mais calmo, então Jordan tenta uma conversa:

– Deixe-me ficar mais alguns dias. Eu vou arrumar um lugar logo.

– Você tem uma semana.

– Duas...

– Apenas uma. – Dixon reafirma. – Se ainda estivesse aprendendo a pescar, poderíamos estender alguns dias, mas agora você terá muito tempo livre.

– Isso é outra coisa que eu gostaria de falar... Eu quero voltar com os treinamentos.

– Quer?

– Sim.

– Vai parar de reclamar?

– Vou fazer o possível. – Jordan não podia dizer que não reclamaria, porque sabia que isso, mais cedo ou mais tarde, aconteceria.

– Com algumas condições: que você seja disciplinado, obediente e cooperativo.

– Eu tenho sido, seu ingrato, como nunca fui anteriormente!

– Ah, então você se lembra?

– É só modo de falar, parece que não entende ironia. Ok, tudo bem, eu aceito suas condições.

– Amanhã retornaremos ao treino, então. – Dixon volta a mexer nas iscas e aponta para dentro de casa com a cabeça. – O almoço está te esperando.

– Já vou almoçar...

– Lembre-se de lavar a louça.

Jordan range os dentes, entretanto, prefere ficar quieto. Ele entra na casa, almoça e faz de tudo para não quebrar os pratos enquanto os lava, irritado por aquela ser a sua nova função.

Capítulo Onze – O Preço da Desobediência

– Será que estou com cara de lavador de pratos? – resmunga para si mesmo, esperando que ninguém escute.

– Está! – Dixon grita lá de fora.

Jordan já pensa em sair dali o mais rápido possível. Não vê a hora de ter a sua própria casinha, longe de qualquer pescador metido a sabichão.

E no outro dia, ele e Dixon levam a canoa para a praia, conforme tinham combinado em voltar aos treinos. Jordan empurra a canoa para a água, mas Dixon intervêm:

– Você vai voltar a remar na areia.

– O quê? Sério? Você está brincando, né? Só pode!

– Não. Por sua desobediência, você voltará ao começo dos treinos e fará tudo de novo. E anda, vamos logo, você precisa aprender a pescar e arrumar um lugar pra ficar em uma semana.

– Eu pensei que se eu voltasse com os treinos, teria mais tempo.

– Sim, eu te daria mais tempo, mas você não o merece. Uma semana é o prazo máximo. – Dixon aponta e puxa a canoa para a areia. – Pode começar.

Jordan xinga Dixon mentalmente, senta-se na canoa e rema, exatamente como dias atrás.

Capítulo Doze

Faça Mais que o Combinado

"Você não pode executar qualquer tarefa esperando pelo término dela, mas sim buscando qualidade. Esse é o maior erro das pessoas. Elas sempre começam algo querendo terminar e se ver livres daquilo. Só a prática leva à perfeição."

— Isso é perda de tempo! – Jordan grita, jogando os remos longe depois de horas debaixo do sol remando na areia.

— Não, não é. – Dixon continua com seu jeito calmo, enquanto conserta algumas redes de pesca. – Você precisa treinar.

— Eu já devia estar pescando! Eu quero aprender a pescar, não a remar!

— Todo esse treinamento será útil um dia, Wilson.

— Não será não! Eu já devia estar viajando todos os dias para o mar e voltando com vários peixes! Você devia estar fazendo o mesmo.

— Você precisa de treino.

— Ah, entendi qual é a sua! Você inventou tudo isso só para poder ficar aí parado, sem fazer nada, enquanto Peter é que vai todos os dias pescar. Bem que disseram que os pescadores são preguiçosos.

— Eu estou parado? Eu sou preguiçoso? Você não está vendo que eu estou tentando te ajudar?

— Sim, está sim, você é preguiçoso! E só estou vendo você parado debaixo de uma árvore mexendo numa rede enquanto eu estou remando essa porcaria na areia por horas! Você fica pagando de bom moço, dizendo sobre treinamentos, me dando lições de moral, falando sobre amor e filhos, mas veja só, você só quer ficar à toa! É um preguiçoso! Inventou todos esses exercícios para ter a desculpa de não poder ir pescar.

— Se eu fosse preguiçoso, não teria tanta resistência física.

— Você é só um velho acabado com muita historinha pra boi dormir.

— Velho acabado? – Dixon fica sério. – De novo essa conversa? Eu não devo ser tão mais velho que você! E se acredita que estou tão acabado assim, por que não apostamos uma corrida até o fim da praia?

— Eu não preciso correr pra mostrar que você é um velho acabado.

Capítulo Doze – Faça Mais que o Combinado ■ 95

– Está com medo de perder? Vamos lá, Wilson. Se eu ganhar, você vai treinar sem reclamar. Se você ganhar, nós pularemos para a parte da pesca, está bem assim?
– Ótimo. – Jordan se levanta. – Você vai comer areia.

Os dois começam a se alongar e riscam na areia a marca de partida.

– Está vendo aquela casa azul com vários coqueiros em volta? – Dixon pergunta e Jordan assente que sim. A casa não fica muito longe, mas será uma boa corrida. – Vai ser até lá.

– É melhor você se preparar, Dix, vou chegar na sua frente com facilidade.

Dixon conta até três e os dois começam a correr. No começo, ambos correm lado a lado, e alguns minutos depois, Dixon fica na frente. Jordan faz de tudo para acelerar, mas a falta de costume de correr desse jeito o deixa para trás.

Antes, quando ele era um empresário rico e bem-sucedido, ele fazia academia para manter a forma e a saúde, mas nunca tinha corrido tanto como naquele momento. Ofegando, ele tenta sugar todo o ar possível, esperando ver se isso o deixaria mais rápido. Infelizmente, não é assim que as coisas funcionam.

Por isso, ele acaba ficando irritado com Dixon na sua frente. Jordan acredita que precisa ganhar como se aquilo fosse questão de vida ou morte, só para provar a Dixon que era melhor que ele.

Vendo Dixon se aproximar da linha de chegada e sabendo que vai perder, Jordan pensa rápido e se joga no chão, fingindo ter virado o pé. Dixon olha para trás e o vê se levantando e mancando pela areia com o rosto demonstrando dor.

– O que houve? Quem é o velho acabado? – Dixon ri, alongando seus braços, sabendo que Jordan não se machucou de verdade.

Jordan não responde, tentando recuperar o folego e acalmar a raiva. Não bastava ter perdido, tinha sido logo para o Dixon, o "velho acabado" da história.

– Descanse um pouco. – Dixon instruiu. – Você vai ter um logo dia remando na areia.

– Eu não vou treinar mais aquilo.

– Você vai sim. Nós fizemos uma aposta, lembra?
– Eu caí e você nem me ajudou! Cadê aquela história sobre colaboração?
– Você caiu? Até parece! Você se jogou no chão, quis trapacear. Não me venha dizer que caiu sem querer.
– O quê? Está duvidando de mim? Eu caí sim!
– Sabe o que é pior numa pessoa desonesta e trapaceira? É que além de errar e tentar ganhar às custas dos outros, ela é teimosa e nunca admite seus erros. Saiba, Wilson, que a honestidade livra o homem correto, mas o desonesto é apanhado na armadilha da sua própria ganância.
– De onde é isso?
– Provérbios, 11:6. Bíblia. Você pode tentar ganhar de todos sempre. Poderá tirar vantagem sempre que possível. Inventará histórias, criará cenários, fará de tudo para vencer. Mas uma hora, isso vai ter fim e toda a sua credibilidade vai sumir. Um homem desonesto pode um dia vir a ser rico, mas sempre será pobre de caráter, de espírito e de honra.

Derrotado e humilhado, Jordan prefere não discutir. Ele sabe que tem um prazo para aprender a pescar e arrumar algum canto, e quanto mais tempo perde discutindo, pior será.

Depois de remar na areia, Jordan pergunta por quanto tempo terá de fazer aquele exercício.

– O tempo é você quem faz. – Dixon disse.
– O quê? Como assim? Você não tá falando coisa com coisa!
– Você não pode executar qualquer tarefa esperando pelo término dela, Wilson, mas sim buscando qualidade. Esse é o maior erro das pessoas. Elas sempre começam algo querendo terminar e se ver livres daquilo. Só a prática leva à perfeição.
– Isso não é verdade...
– É sim. Funciona nos dias das semanas também. As pessoas acordam nas segundas-feiras já esperando pela sexta. Mal começam a semana e já querem folga. Não se preocupam em exercer um trabalho direito e bem feito, só querem saber de quando po-

derão ficar à toa. E isso é errado. Nós temos de viver buscando a perfeição, seja na segunda-feira, quando o corpo se acostumou a acordar tarde por causa do final de semana, seja na sexta, quando todos querem descansar.

– O que você quer que eu faça então? Como é a maneira certa de remar?

– Isso você vai descobrir sozinho.

– O quê? Como vou descobrir sozinho? O que eu vou descobrir?

– Você saberá na hora certa.

– Por Deus, Dix! O que você quer dizer com isso? Tá, tá, que seja. Vamos lá, você pode dizer todas essas frases bonitas sobre prática e perfeição, mas veja só, eu não tenho tempo, eu preciso aprender a pescar logo!

– Ansiedade rouba a benção, Wilson. – Dixon apenas responde.

Jordan revira os olhos, irritado com toda aquela conversa que não faz qualquer sentido. Remando na areia, ainda não entende por que tem de fazer aquilo. Nenhuma explicação parece boa o suficiente. É tudo perda de tempo.

Alguns pescadores passam por eles e riem por Jordan estar sentado na canoa remando na areia.

– Vai pescar muito assim. – um deles ri.

– Cuidado para não se afogar. – o outro debocha.

Jordan quase se levanta para correr atrás dos pescadores e bater neles, mas Dixon ordena que ele se acalme e deixe pra lá. Furioso, ele assiste aos pescadores se afastarem rindo dele, como se agora ele fosse uma piada.

– Por que eu tenho de aguentar isso calado? – ele pergunta, algum tempo depois.

– Porque você não obedeceu a uma simples ordem. Pessoas erradas não têm direito de discutir. Cada vez mais, quando tentam se defender, elas caem ainda mais no erro.

– Sério que isso tudo é só porque eu não ajudei aqueles dois pescadores?

– E por ter passado da área permitida.
– Parece que eu cometi um crime por fazer isso! Eu não fiz nada demais! Pare de agir como se eu tivesse matado alguém.
– Você pode não ter matado alguém, mas desobedeceu. Isso também é errado.
– Você é muito exagerado.
– Pode ser que sim, mas anda, pare de enrolar, continue remando. Logo iremos almoçar e você precisa terminar isso.

À tarde, Dixon ordena que Jordan comece o exercício de equilíbrio. Peter está com eles e os ajuda balançando a canoa. Irritado por ter de fazer aquilo de novo, Jordan reclama o tempo inteiro.

– Podíamos pelo menos fazer isso na água.
– Não. Nós começamos os treinos do zero, você tem de fazer tudo de novo. Pare de reclamar e faça isso direito.

E à noite, depois de passar um tempão se equilibrando, Peter, Dixon e Jordan são chamados para uma comemoração no bar. É aniversário de um pescador e todos querem beber para festejar. Jordan logo começa a beber, querendo descarregar todo o estresse e se aliviar. Todos à sua volta riem e brincam, cantam músicas, falam de suas famílias, de seus trabalhos e de todas as vitórias diárias. Jordan sente-se um pouco deslocado. Não pode falar nada de sua família, porque ainda finge ter perdido a memória, e também, de um jeito ou de outro, não tinha nada para contar. Todos ali se orgulhavam dos filhos bem criados que tinham.

O que ele poderia falar dos seus filhos? Que na infância tinham sido bons garotos? Isso não era o suficiente, o importante é o que estavam vivendo agora.

– E aí, cara? – um dos homens se aproxima de Jordan e bate sua garrafa de cerveja na dele, como um brinde. – Remando muito na areia ainda?

Jordan não consegue se controlar. De repente, toda a raiva que ele já sentiu em todos os momentos na ilha explode e vai direto para suas mãos. Sem pensar, ele acerta um soco bem no rosto do rapaz, que vai ao chão.

Capítulo Doze – Faça Mais que o Combinado ▪ 99

Tudo gira em sua cabeça. Ele já estava aguentando muita coisa ali, mas de forma alguma aceitaria mais essa humilhação na frente de todos aqueles pescadores sem noção.

A música para, todos no bar gritam e se afastam, deixando um grande espaço em volta de Jordan e o rapaz no chão. Ele olha em volta, no rosto dos outros pescadores. Há desaprovação, mas o pavor é maior. Eles estão com medo.

O único que permanece no mesmo lugar é Dixon. Ele olha para o rapaz no chão e olha para Jordan, do mesmo jeito que um pai olha para um filho depois que este fez alguma bobagem, mas não há raiva em seu olhar, e sim decepção. Ele aponta para a porta e Jordan o segue para fora do bar. Longe de todos, eles escutam a música retornar. Aos poucos, todos se recuperam e voltam com sua conversa normal. Alguém sai com o homem atingido e seguem para longe, sem ao menos olharem para Jordan.

– Você não sabe se controlar mesmo, hein. – Dixon observa.

– Ele debochou de mim!

– Ele fez uma piada, tudo bem, ele pode estar errado nisso, mas você não pode agir desse jeito! Não pode sair batendo nas pessoas só porque não fazem aquilo o que quer que façam e do jeito que quer! Violência é a pior das armas.

– Mas... você não ouviu o que ele disse? Foi a mesma coisa que os outros pescadores disseram mais cedo! Todos só sabem falar mal de mim, só sabem rir da minha cara. Eu não sou um palhaço e isso aqui não é um circo, tá na hora de finalizar o show. Eu nunca fui tratado dessa maneira.

– Nunca? Nunca? Como assim Wilson, você se lembra agora de como era tratado antigamente? Que bom, fico feliz! Eles só estavam brincando. Aquele rapaz em quem você bateu, o Augustus, só queria conversar. Todos aqui já notaram que você é calado e não se aproxima de ninguém, então queriam te animar. Mas você ajudou? É claro que não. Já saiu batendo sem nem pensar direito. Napoleon Hill foi um jornalista que estudou 160 mil presidiários, sabe a que conclusão ele chegou? Eram todos pessoas como eu e você, estavam lá porque no momento que mais precisaram de autocontrole perderam e também destruíram suas vidas.

– Eu não quero que ninguém sinta pena de mim, não preciso que me animem.
– E você acredita que vai viver aqui como? Isolado do mundo? Sem falar com ninguém?
– Eu posso conviver com isso.
– Não, não pode. Primeiro, porque você precisará de ajuda para arrumar um lugar para ficar e, segundo, porque ninguém merece viver sozinho.
– Eu não preciso de ajuda.
– Não precisa? Oh, sério que você está me dizendo isso? Você veio me pedir ajuda pra pescar? Não veio me pedir para ficar mais um tempo na minha casa? Se isso não for precisar de ajuda, me avise, porque terei de rever todos os meus conceitos.
– Eu não preciso de ajuda desse povo que debocha dos outros. Se eu tiver que contar com alguém que faz piadas dos problemas dos outros, eu prefiro morrer sozinho.

Dixon respira fundo.

– Tudo bem, tudo bem. Eu vou conversar com o Augustus e todos os outros que riram de você, está bem? Mas em compensação, você vai pedir desculpas por ter batido nele.
– Eu não vou pedir desculpas! Eu não fiz nada de errado! Pare de agir como se eu fosse... como se eu fosse um adolescente rebelde!
– Fez algo de errado sim. Você bateu em alguém, e pior, você bateu em um de nós. Aqui nós temos o lema "um por todos, todos por um". Se você brigar com um pescador, consequentemente brigará com todos da ilha. A menos que você queira todos os pescadores daqui bravos com você, vai pedir desculpas.
– Eu não me importo se ficarem com raiva de mim.
– Oh, você vai se importar, sim. Eles podem até mesmo te expulsar daqui. É provável de te amarrarem num barco velho e te jogarem no oceano. – Rindo muito daquela situação, Dixon sai de fininho.
– Eles não fariam isso.

Capítulo Doze – Faça Mais que o Combinado ▪ 101

– Quer testar pra descobrir? – Volta olhando bem nos olhos dele.

Jordan hesita um pouco. Não sabe o que os pescadores dali são capazes de fazer e, apesar de uma parte sua dizer que toda aquela conversa era só para assustá-lo, a outra parte dele preferia viver em paz com outros pescadores.

– Eu não sei como pedir desculpas.

Ele nunca fazia isso na sua vida. Nem se lembrava qual tinha sido a última vez em que pedira perdão à alguém. Jordan Danvers não pedia desculpas, ele sempre estava certo, mesmo quando todas as estatísticas provavam que o errado era ele. Sempre fazia de tudo para deixar o jogo a seu favor e sair por cima.

Jordan se recorda de uma cena em que solicitou uma reunião para definir estratégias. Alguns consultores, na frente de seus funcionários, o colocaram na situação em que as suas ideias não eram as melhores para aquela ocasião. Lembrou-se de sua irritação e do ódio que sentiu ao ser confrontado, aquele momento foi crucial para forjar números, reverter a situação e colocar um ponto final na reunião, dando por encerrada a consultoria e deixando os consultores sem entender absolutamente nada do que havia acontecido. E Jordan também não, só entendia que jamais alguém poderia dizer a ele o que fazer.

Ali terminaria a consultoria e toda a possibilidade de ele mudar para melhor.

– Só vai dizer "eu sinto muito por ter te batido, eu estava descontrolado".

– Eu não estava descontrolado!

– Não estava? Então, por que bateu no Augustus? Se aquilo não era descontrole, você não é muito equilibrado.

– Aquilo foi um acidente. Eu estou tendo um dia cheio.

– Dia cheio... Por remar o dia inteiro? Francamente, Wilson, você sempre inventa algo para se livrar dos problemas.

– Eu só encaro os fatos.

– Wilson, sua atitude mental é a única coisa sobre a qual você, e somente você, tem o controle completo. Cada adversidade, tristeza ou derrota, mesmo que você não tenha feito acontecer, contém a semente de um benefício equivalente. Você é a única pessoa de quem você pode e deve depender em todos os momentos. Uma atitude mental positiva atrai oportunidades para o sucesso, enquanto uma atitude mental negativa repele oportunidades, e nem sequer tira proveito deles quando eles vêm juntos. Sua mente é só sua. Tome posse dela, direciona-a para uso específico em prol de seus resultados. Ninguém jamais descobriu os limites do poder da mente. Sua idade real é determinada por sua atitude mental, e não pela idade que você tem vivido. Sua mente é sua, e assim só você é o responsável sobre a forma como usá-lo. As únicas limitações são aquelas que você tem em sua própria mente. Anda, vamos até a casa do Augustus, ele já deve estar por lá. Será bom você começar a rezar pedindo que ele não tenha ido parar no postinho de saúde, se não as coisas ficarão bem sérias para o seu lado.

O dois vão até uma casinha no fim da rua do bar e encontram Augustus com uma bolsa de gelo no rosto. Bem onde Jordan batera, havia uma marca roxa. Quando ele vê os dois no portão, hesita um pouco olhando para Jordan antes de se aproximar.

– Está tudo bem? – Dixon pergunta.

– Já estive melhor. – Augustus responde ainda hesitante. – Você veio aqui me bater de novo?

– Não, não. – Dixon já diz para evitar mal-entendidos. – Ele veio te pedir desculpas.

– Pedir desculpas? – Augustus ri, em tom irônico. – Isso não é a cara dele.

Jordan cerra os punhos, tentando se controlar.

– Não piore as coisas, Augustus, por favor. – Dixon pede.

– Você não me conhece para dizer o que é ou o que não é a minha cara. – Jordan vocifera.

– Não conheço você, mas conheço o seu tipinho. Já vi muitos caras com pose de machão que não escutam a opinião de ninguém e se irritam por uma simples piadinha. E se Dixon está andando com você, com certeza você é um caso perdido.

– Como assim Dixon está andando comigo?

– Sempre que há um problema na ilha, é ele quem resolve, simples assim. Já tivemos problemas com outros pescadores que só Dixon conseguiu por na linha.

Jordan encara Dixon, tentando entender aquela conversa.

– Que tipo de problemas? – pergunta para Augustus.

– Pescadores que não querem cooperar, que só arrumam encrenca... Pessoas como você.

– Já chega dessa conversa. – Dixon respira fundo. – Augustus, peça desculpas por ter debochado dele.

– Eu só fiz uma piada. – Augustus revira os olhos.

– Peça desculpas, agora.

É a vez de Augustus respirar fundo. Ele tira o gelo do rosto, revelando a área machucada, estando um pouco menos inchada, e encara Jordan sem vontade.

– Desculpe-me.

Jordan sorri superiormente, achando que a conversa termina ali.

– Sua vez, Wilson. – Dixon instrui.

– Eu não vou pedir desculpas, eu não fiz nada de errado! – Jordan começa a dizer, mas é interrompido.

Em um segundo ele está de pé e no seguinte, é derrubado no chão por Dixon por uma simples cotovelada nas costas.

– Peça desculpas! – Dixon ordena.

Jordan sente-se um pouco perdido. Então era verdade sobre Dixon ter colocado todos os barras-pesadas na linha? Ele era tão autoritário que qualquer outra pessoa obedecia?

– Desculpe-me... – ele diz sem ter certeza se isso foi audível ou não, com o rosto encostado na estrada de terra e sem entender por que obedecia àquele homem.

– Parabéns. – Dixon puxa Jordan pelo braço para que ele se levante. – Vamos embora agora. Tenha uma boa-noite, Augustus.

– Ah, esperem! – a mãe de Augustus aparece de dentro da casa e acena. – Dixon, venha tomar café!

– Se não for muito incômodo...
– Claro que não, acabou de ficar pronto.

Dixon entra na casa para tomar café, deixando Jordan parado no portão, horrorizado. Mil e um pensamentos rondavam sua cabeça e não o deixavam em paz. Quem era aquele homem? De onde ele tinha tirado força para derrubá-lo no chão com tanta facilidade? Ele era mesmo um caso perdido que só Dixon poderia resolver?

– Fale-me sobre o Dixon. – pede Jordan a Augustus.
– Eu não tenho nada pra falar dele.
– É claro que tem, olha só. Ele é o líder da ilha? Que tipo de pessoas ele já lidou?

Augustus pensa em não responder, depois se lembra dos ensinamentos de Dixon sobre perdoar e ser perdoado, sermos capazes de entender o outro e até mesmo darmos exemplo de tolerância. Ele sempre gostava quando Dixon o elogiava por seu autocontrole e pela maneira simpática como lidava com as pessoas. Resolve finalmente esquecer o episódio e encarar Wilson com compaixão.

–Até Saint Joseph Island tem um prefeito, é claro, Paul Levine, e Dixon é como se fosse seu braço-direito. Dixon sempre esteve por perto, ajudou todo mundo, resolveu intrigas... Agora ele é muito respeitado.

– E sobre ajudar barras-pesadas?

– Já tivemos muitos problemas com os moradores daqui. Alguns não queriam seguir regras e coube a Dixon resolver. Com muita paciência e seus discursos filosóficos, Dixon conseguiu mudar muita gente. Ele é um líder nato, sabe o que diz e sempre quer o melhor para todos.

– O que ele está fazendo comigo?

– Remando na areia, se equilibrando, te ensinando a pescar... Provavelmente ele te vê como um desequilibrado e quer que você se endireite para aproveitar a vida.

– Eu não sou desequilibrado.

– Ah, não, imagina. Tem de treinar muito o seu autocontrole ainda.
– Dix não para de dizer isso.
– É porque é verdade.
Jordan respira fundo. Logo Dixon sai da casa depois de tomar café e, junto com Jordan, vai embora para casa.

Capítulo Treze

A Regra de Ouro

"Faça aos outros o que você quer que façam com você. Ajude alguém e seja ajudado."

O Executivo e o Canoeiro

No dia seguinte, quando Jordan está se equilibrando na canoa dentro d'água, ele e Dixon veem outros pescadores zarparem pelo mar, prontos para um novo dia de pesca. Como aquela cena era comum, não deram muita atenção e se concentraram nos treinos. Foi então que Peter apareceu com a notícia.

– Mark está doente. Nós estamos indo pescar.

– Ah... – Dixon fez. – Fez sentido todos estarem apressados. Arrume nossas coisas, logo nós iremos.

– O que houve? – Jordan fica confuso. – Vamos para onde?

– "Nós" não vamos a lugar nenhum, eu e Peter iremos pescar.

– O quê? Pra quê? Quem é Mark? Por que eu não posso ir?

– Mark é o pai de Ruth, você o conheceu. – explicou Peter. – Como ele não pode trabalhar, nós estamos indo pescar por ele.

– Como assim? Foi por isso que todos estavam tão apressados para pescar?

– É claro. – explicou Dixon, depois de mandar Peter novamente ajeitar as coisas – Com um a menos, o trabalho tem de ser dobrado.

– Isso não faz sentido...

– É simples. Quando um de nós fica doente, todos vão pescar para que a família dele tenha como se alimentar.

– Vocês vão trabalhar pelo cara?

– Ele está doente, não tem como fazer isso.

– Mas isso não parece dar certo! Qualquer pessoa pode fingir que está doente só para não ter de fazer nada.

– Nós confiamos uns nos outros aqui. Ninguém é capaz de mentir sobre algo assim.

– Vocês são muito ingênuos. Isso é como dar folga para algum empregado e fazer o trabalho dele.

– Mas é o certo a se fazer. Se o empregado precisa de um tempo descansando, seja por problemas de saúde ou pessoais, por que não ajudar?

– Tá, vocês fazem o que vocês quiserem. Eu posso ir junto?

– Não, você ainda não sabe pescar.

– Mas seria uma ótima oportunidade para aprender!

– Seria se você já estivesse avançado bem nos treinamentos. O tempo que eu estiver fora, você pode se equilibrar no fundo. Faça isso o dia todo.

– Tá de brincadeira, né? Eu já cansei de fazer isso!

– Mas vai fazer de novo. E nem pense em desobedecer. Vou mandar Janine te vigiar.

Jordan revirou os olhos, irritado.

Logo eles foram até o porto onde Jordan viu Dixon e Peter entrarem no pequeno barco de pesca da família. Ficou tentado a pedir mais uma vez par ir, dizendo que não tentaria pescar nem nada parecido, só queria era ver como as coisas funcionavam, mas não disse nada.

Era muita perda de tempo o que estavam fazendo, porém sabia que não valia a pena discutir.

Depois que Dixon e Peter partem para a pesca, Jordan volta para casa. Decide ficar o resto do dia deitado numa rede descansando, mas logo Janine aparece.

– Meu pai falou que você tinha de estar na praia com a canoa.

– Seu pai fala muita coisa.

– Ele vai ficar bravo quando souber que você ficou aí parado a tarde toda.

– É só você não contar nada pra ele.

– Eu não minto para o meu pai.

– Omita então. Não precisa dizer nada.

– Mas ele vai perguntar.

– Fuja para qualquer canto quando ele chegar.

– Vou contar para o meu pai que além de você não ter ido treinar, ainda me falou para mentir e fugir de casa. Ele vai ficar uma fera.

– Problema dele.

– Ele vai brigar contigo.

– Ah meu Deus! – Jordan se levanta da rede, impaciente. – Se eu for, você vai parar de me perturbar?

– Claro. – a menina sorri.

Jordan desiste de ficar ali e vai para a praia. Mas não cederá tão fácil. Ele puxa a canoa para debaixo de uma árvore e se deita nela para dormir. Alguns minutos depois, a voz que ele menos queria ouvir retorna.

– É pra você ir pro mar, não pra ficar dormindo!

– Caramba, Janine, o que você está ganhando para me perturbar assim?

– Nada ué, são apenas ordens do meu pai.

– E você sempre o obedece sem nem mesmo ver se o que ele mandou é certo ou não?

– Mas o que ele falou é certo! É pra você treinar, então terá de fazer isso. Anda, nada de dormir, vá cair na água!

Jordan se levanta e decide obedecer de uma vez. O que antes parecia fácil de lidar, se tornou um incômodo. Ele puxa a canoa para a água e a leva até o fundo, onde repete o procedimento de dias atrás.

Da areia, Janine o observa, para ter a certeza de que ele não fugiria e fingiria que tinha passado a tarde toda treinando.

– Janine. – chama Jordan, depois de um tempo. –Você gostaria de sair da ilha e estudar na cidade? Deixa de ir para obedecer a seu pai?

– Sim Wilson, este é o meu sonho, eu irei sim, no momento certo. Meu pai jamais me impediria, ele sabe que eu não pertenço a ele e me apoia em tudo, já conversamos muito sobre isso. Eu tinha medo e ele me mostrou um livro de Napoleon Hill que diz sobre os nossos medos e que os medos não são nada mais do que um estado de espírito.

– Você confia muito nele e isso é realmente bonito, gostaria de ter vivido isso também, acredito que nunca inspirei ninguém, muito menos fui exemplo de alguma coisa boa em minha vida. Não há nada mais lindo e poético do que um pai ser amigo verdadeiro de seu filho. Sinto hoje que o que está acontecendo comigo agora é reflexo de uma vida inteira sem sentido, sem rumo, sem missão de vida. Esperava que meus filhos fossem seres maravilhosos com base apenas em livros e no que acreditava ser certo, sem jamais escutá-los de verdade. Não conheço nenhum deles de verdade Janine, penso que jamais os enxerguei verdadeiramente e agora não sei mais se terei tempo ou oportunidade para isso, porque o tempo, as tempestades e as marés não esperam por ninguém e com certeza eles também estão seguindo suas vidas, com certeza de uma forma muito melhor do que ao meu lado. E o que me deixa mais triste é saber que não deixei saudade em ninguém. Hoje entendo que para sermos bem-sucedidos e felizes, precisamos nos empenhar primeiro em nós mesmos e crescer espiritualmente, para só depois entendermos o que significa o sucesso e o fracasso.

– Wilson, eu não vou dizer a ninguém que você se lembra de seu passado.

– Obrigado Janine, você é uma grande menina, melhor ainda, uma mulher maravilhosa, terá muito sucesso e alegria em sua vida e obrigado por me ensinar tanto.

Jordan se espantou com a facilidade com que elogiou verdadeiramente Janine e isso fez com que ele se sentisse muito melhor.

Janine sorri e o abraça fraternalmente.

Quando Dixon e Peter retornam, já era quase noite e Jordan já voltou pra casa.

– E aí, como foi? – Dixon pergunta. – Treinou a tarde toda?

– Sim. – Jordan responde.

– Janine? – Dixon olha direto para a filha.

– Ele ficou enrolando no começo. – Janine responde como uma boa filha. – Mas logo parou de ser teimoso.

– Precisava contar isso? – Jordan revira os olhos rindo muito alto.

– É claro que precisava. – Dixon diz pela filha e depois olha pra ela. – Quanto tempo ele enrolou?

– Ele ficou deitado na rede lá fora, depois deitou na canoa. Acho que foram duas horas assim.

– Que mentira! Eu só enrolei meia hora!
– Tudo bem, entendo. – Dixon libera Janine e então se vira para Jordan. – Amanhã você vai treinar por duas horas extras.
– Ah, tá brincando, né? Eu não enrolei todo esse tempo!
– Mas enrolou do mesmo jeito.

Jordan suspira diante daquela situação, porém se diverte agora intimamente. Na sua antiga vida, sempre julgara seus próprios funcionários e os xingava de imprestáveis, sem saber seus motivos. Se visse alguém parado por um minuto, já queria descontar do salário e tudo era motivo para demissão.

Dixon pega um isopor na dispensa e coloca algum dos peixes que pescou junto com gelo. Depois pede que Jordan o ajude a carregar o isopor e os dois saem de casa.

– Aonde nós vamos?
– Na casa do Mark, temos que levar a pesca pra ele.
– Sério que vocês vão dar tudo pra ele? Vocês passaram o dia todo debaixo do sol pescando, o cara ficou dormindo o dia todo!
– Mas ele está doente. E não estamos doando tudo, só uma boa parte.
– Quando ele melhorar, ele que vá pescar.
— Exato. Você não sabe fazer nada. Não pesca, não trabalha, está vivendo lá de favor, comendo a minha comida. Eu poderia ter expulsado você lá de casa assim que chegou, mas como você estava mal, perdeu a memória e não sabe fazer nada, resolvi dar uma chance, além de estar tentando te ensinar a pescar.
– É, mas...
– É a mesma coisa com Mark. Ele ficou doente, nós vamos ajudar. Sempre ajudamos uns aos outros aqui. Você sabe a regra de ouro? Faça aos outros o que você quer que façam com você. Ajude alguém e seja ajudado, é simples.
– Então quando você estiver doente, vão pescar por você?
– É claro. É o que acontece aqui.

Capítulo Treze – A Regra de Ouro

Eles logo chegam à casa de Mark, que está deitado numa cama, muito abatido. Há mais pescadores ali que trouxeram sua parte da pesca, todos preocupados com a saúde de Mark.

– Que bom que vocês vieram! – diz Ruth, abraçando Peter.

– Obrigado pela ajuda. – Mark diz da cama, com a voz fraca.

– Contem com a gente sempre que precisarem. – sorri Dixon.

Mark tosse um pouco, mas agradece novamente. Ele estica a mão para Jordan, que não vê outra saída a não ser se aproximar.

– Você tem muita sorte de estar morando com o Dixon. Ele é um grande homem.

Jordan força uma risada, enquanto seu interior quer gritar que Dixon é um velho teimoso, metido, burro e idiota.

– Ele está atrás de um lugar para ficar. – Dixon comenta. – Você não sabe de algo assim? Um terreno vazio, uma casa velha...

– É meio difícil ele conseguir alguma coisa aqui. – diz um dos homens que também está por perto.

Os pescadores não estavam gostando do comportamento de Jordan, portanto, não queriam ajudá-lo.

– É difícil, mas não impossível. – Dixon intervêm.

– Tem aquela casa velha no final da rua. – fala Mark. – Há anos está vazia. Talvez, com uma reforma, ela possa se tornar um lugar habitável.

– Aquela casa é de Samantha Richards! – diz outro pescador.

– Samantha morreu tem dez anos, ninguém mais ocupou aquela casa. – rebate Mark.

– Mas não é justo dar a casa de alguém para um visitante desse jeito, ainda mais alguém que só arruma briga – diz Simon, um dos pescadores mais antigos do lugar.

Jordan cerra os pulsos e respira fundo pra se controlar. Não quer ter mais problemas do que já tem.

– Nós vamos resolver isso mais tarde. – diz Dixon para Jordan, e depois olha para Mark. – Primeiro descanse.

Eles continuam conversando até que mais tarde, quando todos vão embora, Dixon comenta que o único jeito de Jordan conseguir a aceitação dos outros pescadores é cooperando.

– Ter batido em Augustus piorou sua situação. – diz ele.

– Mas a culpa não foi minha, foram eles que começaram! – Jordan se defende.

– Você errou por ter partido para a violência, agora estão todos com raiva. Nem mesmo deixaram você ficar na casa da Samantha, e olha que aquela casa está vazia há anos. Você vai ter de fazer algo para se redimir se quiser algum lugar pra ficar.

– Terei de fazer o quê?

– Você vai ter de descobrir. Pode começar ajudando alguém. Talvez isso faça alguma diferença.

– Como eu posso ajudar alguém?

– Não tem uma fórmula certa de ajuda, Wilson. O que a pessoa tiver precisando, você vai ajudar.

– Mas eu nem sei como fazer isso!

– Exato, tá na hora de descobrir. Vai ser até bom. Seja voluntário, coopere. Faça mais que o necessário e tudo aquilo que você gostaria que fizessem com você. Pergunte se precisam de ajuda, tente interagir com todos. Quem sabe assim te deixarão ficar na casa velha. Capaz de até ajudarem a reformar.

– Por que você não pede para me deixarem lá? Do jeito que falam, é como se você fosse o líder da ilha.

– Líder da ilha?

– É claro. É você que cuida dos casos perdidos, não é? Eu não sou isso, aliás? Eu sou um problema, fui deixado em suas mãos.

– Quem sabe... As coisas não acontecem sem motivo. Tudo tem um propósito.

Eles param perto da praia. O sol está se pondo e, como sempre, crianças brincam na água e gaivotas voam no céu.

– Está vendo aquela senhora ali? – Dixon aponta para uma mulher sentada numa cadeira, perto das crianças. – Ela tem muitos filhos e cuida deles o dia inteiro. Desde que cheguei da pesca ela está ali. Talvez ela queira ir a casa por alguns minutos, mas não pode, porque tem de olhar seus filhos.

– E eu com isso?

– Por que não vai lá se oferecer para vigiá-los enquanto ela descansa?

– Descansar do quê? Ela passou o dia todo sentada, não deve estar cansada.

– Será que você pode ir sem reclamar?

– Mas por que eu tenho de ir?

– Você precisa do apoio dos moradores daqui, precisa ajudá--los! E vigiando crianças pode ser um bom começo.

– Como eu poderia vigiar crianças?

– Só ficar sentado, gritando para elas não irem para o fundo.

– Isso vai ser um saco.

– Mas vai ser de grande ajuda. Anda, vá, antes que eles vão embora.

– Se eles estão indo embora, por que eu tenho de ajudar?

– Só vá perguntar se ela quer ajuda, Wilson! Mostre que você se importa!

– Mas eu não me importo...

– Tá bom, então fique morando na rua. Já que você não se importa com ninguém e não quer ajudar, se vire sozinho.

– Mas...

Jordan vai em direção à mulher. Apesar de ficar muito tempo parada, ela aparenta estar cansada só de estar ali. Uma vez por outra ela grita para as crianças se afastarem do fundo e brincarem mais na areia.

– Olá... – Jordan não sabe como iniciar aquela conversa.

– Oi. – ela olha para ele, um tanto confusa e desconfiada.

– Vi que você está a tarde toda aqui. Não quer que eu olhe as crianças enquanto você dá uma volta?

– Não precisa...

Ele pensa em aceitar essa resposta e quer voltar para Dix, mas só de olhar para ele, no mesmo lugar, longe dali, notou o olhar sério que o fez repensar.

– Moça, eu te peço. – Jordan decide partir para a sinceridade. – O Dixon me pediu para te ajudar, por favor, me deixe olhar suas crianças!

A mulher olha para trás, em direção a Dixon.

– Ah, ele te pediu?

– Sim.

– Tudo bem então. – ela se levanta. – Vou dar uma volta. Não tem muito o que fazer, essas crianças adoram a água! Só não os deixe ir muito no fundo.

– Tudo bem...

– Eu não demoro.

A mulher se afasta e Jordan olha para as crianças. São quatro e são todas novas, indo dos cinco anos aos dez, mais ou menos. Elas brincam espichando água para todos os lados, molhando uma as outras e rindo sem parar.

– Sr. Wilson, é verdade que o senhor veio trazido de um tornado e que o senhor não pertence aos terráqueos? – pergunta um dos meninos, o maior deles e mais sardento.

Jordan ri alto e levantando chega até as crianças.

– É verdade que vim não sei da onde e que vou ficar por aqui, esta é a única coisa que sei verdadeiramente. Aliás, certeza, certeza não tenho de nada porque aqui aprendi que nesta vida tudo, absolutamente tudo nos é emprestado.

– Tudo Sr. Wilson, até os meus patins? – Pergunta o menorzinho com cabelinho de anjo e voz esganiçada.

– Tudo, nossa família, nossos bens, nossa alegria, nossa tristeza, tudo pertence a Deus. Pensamos ser os donos de nossas vidas, porém a única coisa que nos pertence de fato são nossos pensamentos. Estes sim podemos comandar, e se não fizermos direito, perdemos muito de nossa vida, perdemos a alegria, as pessoas à nossa volta, nossos bens...

– Nunca tinha pensado assim Sr. Wilson, fala que nem o Sr. Dixon.

Jordan começa a rir alto.

– Ah meu Deus, era a última coisa que eu queria ouvir, ficar parecido com aquele velho gagá.

Jordan volta a pensar em seus filhos e que nunca tinha tido um tempo com eles quando eram crianças, muito menos rido de alguma coisa que fizesse ou não sentido. Quando percebe, a mulher retorna. Ela o agradece por ficar ali e Jordan volta para casa.

– Como foi? – Dixon pergunta assim que eles se encontram.

– Não fale como se você não tivesse ficado o tempo todo vigiando.

– Mas eu não fiz nada. Você foi ajudar e eu voltei pra casa.

– Até parece.

– É sim. Mas como foi ajudar alguém? Morreu por isso? Como você se sente?

– Não morri e não sinto nada.

– Não sente agora, mas conforme você for ajudando os outros, vai gostar. Cooperar é bom e gratificante.

– Claro que é. – Jordan ironiza.

– Você vai ver, Wilson, assim que ajudar os outros muitas vezes, isso vai se tornar um hábito. E logo você terá aprovação dos moradores e poderá morar na casa velha. Lembre-se de que só tem uma semana para isso.

– É pouco tempo, eu não vou conseguir mudar a ideia de todo mundo tão rápido.

– Vai sim, já fez uma boa ação hoje, é um começo. E por ora, você pode lavar a louça depois do jantar sem reclamar.

Jordan começou a bufar.

– E sem bufar! – Dixon o interrompe. – Quando você bufa ou revira os olhos, já mostra que está de má vontade, então não adianta nada, é melhor nem ajudar.

– Que bom que você sabe isso! Eu não quero ajudar ninguém.

– Mas você precisa se quiser ter um teto pra morar. E já chega de falar disso, bater na mesma tecla não vai mudar nada.

Mais tarde, Celeste os chama para jantar e, logo em seguida, Jordan lava a louça fazendo o possível para não demonstrar sua raiva.

Celeste pela primeira vez desde que Dixon chegou fica sozinha com ele.

Jordan a olha com ternura e percebe como é bonita e meiga. Sente um carinho imenso se apoderar de seu peito e larga a louça e a abraça chorando.

Celeste não diz nada, apenas corresponde ao abraço e enxuga suas lágrimas.

– Wilson, ainda há tempo. Se o tempo envelhece nosso corpo, não envelhece nosso espírito, sempre há tempo. Você pode mudar o rumo de sua vida quando quiser, as coisas são exatamente como você as cria e molda. Hoje você é diferente de como chegou aqui porque se permitiu enxergar verdadeiramente e, acredite, eu sei que não tem sido nada fácil para você.

– Janine lhe contou algo?

– Não, Wilson. Todos nós intimamente sabemos que algo acontece aí dentro de você, é como se existisse um homem que quer se soltar e algo o impede.

– Daqui a pouco vai me dizer que até Dixon sabe que eu não perdi a memória?

Celeste ri da situação e da indignação dele.

– Nunca falamos sobre isso, porém tenho certeza de que ele sabe sim sobre isso.

Jordan fica sem ação.

Afinal, aquela gente era bem mais esperta do que ele pensava.

Capítulo Quatorze

Os Problemas do Passado

~ ~

"O saber a gente aprende com os mestres e os livros. A sabedoria se aprende é com a vida e com os humildes." **Cora Coralina**

— Hoje vamos falar sobre itens de pesca. – diz Dixon, quando eles estão no depósito da casa, no dia seguinte.
— Tem certeza? Sem treino?
— Por enquanto, não. Quem sabe mais tarde. Veja só estas iscas.

Eles passam um tempo vendo linhas e iscas e Dixon ensina alguns truques. Vez por outra, conta uma história sobre sua família.

Jordan pensa um pouco nisso, mas desta vez, não é em Marie e seus filhos. Quando Dixon fala sobre as pessoas de que mais gosta do mundo, Jordan só consegue pensar em uma pessoa, sua avó Adelle.

Primeiro, que foi com ela que aprendeu todas as suas rezas. Era ela que quando criança o levava à missa todo arrumadinho na camisa de cambraia branca e shortinho marinho de marinheiro, e segundo ela, os sapatos tinham de ser muito limpos para encontrar Jesus na casa de Deus.

Jordan obedecia e amava sua avó. Era a única que o fazia se sentir importante, ela penteava seus cabelos e beijava sua testa com muito amor e cuidado para não desmanchar os cachinhos que fazia para combinar com a roupinha alinhada.

Jordan sabia que dos três irmãos ele era o preferido, ou talvez só fizesse bem pensar assim. Ele a chamava de Dé e ela insistia para que ele a chamasse de vó. Era possessivo e não queria dividi--la com ninguém, muito menos com seus irmãos, por isso, chamá--la de Dé era mais íntimo e mais seu, só seu.

Vó Dé era o que ele tinha de mais precioso, dormia no pé da sua cama desde que nascera. Quando Jordan era pequeno, ela o colocava num caixote de tomate coberto com muitos retalhos das roupas que ela costurava até tarde da noite para que o pequenino ficasse confortável.

Sua mãe, Rose, era prostituta e aparecia de vez em nunca para deixar alguns trocados para sua avó.

E um dia, Jordan acordou com sua vó chorando muito. Ficou triste em vê-la assim e tentou acalmá-la, mas aos oito anos soube o que era perder pela primeira vez. Seus irmãos haviam sido doados para adoção pela sua mãe que insistia que Jordan também poderia ter uma vida bem melhor do que aquela que sua avó estava proporcionando a ele.

Ouvia as duas brigando e, pela primeira vez, viu sua avó realmente nervosa, ela que era tão meiga, suave, doce e tranquila parecia uma fera, igualzinho ao leão que Jordan vira passar no caminhão anunciando um circo.

Uma fera que avançava sobre Rose defendendo sua presa. Batia em seu rosto, pernas, braços, gritava com toda sua força que ela lhe tirara tudo, sua alegria e até a sua vida, porém não tiraria Jordan de perto dela. Neste momento, Jordan ouviu as palavras mais tristes que o perseguiram por toda a sua vida.

Sua mãe disse à sua avó que sairia por aquela porta e nunca mais, enquanto ela existisse, a veria novamente e que odiava tudo o que tinha naquela casa, inclusive Jordan, que era filho de um desgraçado igual a ela. Saiu do barraco sem olhar para trás e sem nunca mais voltar. Era o fim de uma história que nunca começara, de filhos e mães.

Jordan e sua avó procuraram durante anos seus irmãos e nunca souberam onde Rose os colocara para adoção. Alguns vizinhos disseram que ela os vendera para uma família que se mudara para a Itália. Nunca se soube se essa história era verdadeira.

– Wilson? Você está bem?

Jordan volta ao mundo real, confuso e surpreso por se lembrar de uma coisa dessas. Sempre evitara pensar na avó e em sua mãe desnaturada, e de repente tinha retomado memórias que fizera de tudo para se esquecer durante anos.

– O quê? – ele olha em volta.

– Você está bem? De repente ficou quieto e olhando pro nada... Falei com você várias vezes e não me escutou. Lembrou-se de alguma coisa?

– Sim. Não. Não sei... Foi tudo tão confuso. Havia muita coisa... – ele não consegue inventar nada. – Não sei dizer o que é.

— Tudo bem, depois você se lembra com calma. Hey, olha só isso. — aponta para um anzol. — Cada anzol pesca um tipo de peixe.

— Aham... — Jordan assente, como um robô.

Algum tempo depois de falar sobre linhas e anzóis, Dixon muda de assunto:

— Foi feita uma pesquisa mundial pra ver quem era a pessoa mais feliz do mundo. E descobriram que foi um gari brasileiro chamado Sorriso.

— O quê? Um Gari? Um lixeiro?

— Sim.

— Por que um lixeiro?

— Porque ele tem equilíbrio em todas as áreas. Eu conheço pessoas milionárias que não têm uma vida social nem família que as ama. Um homem pode dizer que tem sucesso quando ele chega a casa e é recebido alegremente pelos filhos, esposa e até o cachorro.

— Que historinha bonitinha. — Jordan debocha.

— Não é uma historinha, Wilson. É verdade. "Conhecer os outros é inteligência, conhecer a si próprio é verdadeira sabedoria. Controlar os outros é força, controlar a si próprio é verdadeiro poder".

— Quem disse isso?

— Lao Tsé, um filósofo chinês.

— Você conhece muitas citações. Parece um velho sábio.

— "O saber a gente aprende com os mestres e os livros. A sabedoria se aprende é com a vida e com os humildes".

— E essa aí?

— Cora Coralina.

— Tá, que seja. Falar é fácil. Quero ver você sair dessa ilha e conseguir manter o autocontrole diante das dificuldades do dia a dia. Aqui você só tem de pensar no peixe que você vai pescar e não tem nenhum stress.

– Nenhum estresse? Tem certeza? Somos pilotos da nossa aeronave. A diferença entre eu e você é que eu consigo controlar minhas emoções e eu domino os meus soldados.

– Que isso??

– Conta a lenda que o Duque De York recebeu em seu ducado mil soldados e os outros ducados também receberam o mesmo presente. Como eles estavam em tempo de paz, os ducados não se preocuparam em treinar os soldados e os deixaram quietos. Em compensação, o Duque de York decidiu treinar os seus soldados morro acima durante anos. Então veio a guerra. Quem você pensa que ganhou a guerra, Wilson?

– O Duque de York.

– Por que ele ganhou a guerra?

– Porque ele estava preparado.

– Nós devemos nos preparar quando? Nos tempos de paz ou só nos tempos de guerra?

– Nos tempos de paz! Pra quando vier a guerra.

– E quem são os mil soldados?

– São nossos pensamentos.

– E quem é o Duque de York?

– Sou eu?

– Isso Wilson, isso mesmo. E você domina seus soldados? Qual a diferença em dominar cada um deles? Colocar no caminho que desejarmos? Wilson, os soldados ficaram morro acima e morro abaixo, pode ser a nossa vida?

– Sim, pode.

– Alguns momentos estaremos embaixo?

– Sim, e outros em cima.

– Qual a única posição em que não devemos ficar para não perdemos a guerra?

– No meio.

– Isso Wilson, no meio. Ficar em cima do muro é a pior posição para as nossas vidas. Havia um homem que estava em cima do muro, Wilson. E do lado direito ele via Jesus e seus anjinhos chamando-o para o céu. E do lado esquerdo, Lúcifer, que estava impassível, sem falar uma única palavra. Em determinado momento, o homem zangado pergunta pra Lúcifer: "Por que Jesus me chama o tempo todo e você não fala nada??". Lúcifer pergunta: "Onde você está?", "Em cima do muro", "Eu não preciso te pedir nada. Quando você está em cima do muro, você já está no inferno. O muro é meu". E você Wilson, está em cima do muro? Será que sua falta de autocontrole não está vindo justamente de ter de descer desse muro?

Jordan não diz nada, não sabe o que dizer.

– E você sabe o que é autocontrole? – ele não espera resposta.

– Autocontrole é cuidar da família, não levar trabalho pra casa, descansar, não beber demais, é ter equilíbrio em todas as áreas da vida, que são a família, a vida social, os amigos e o trabalho.

– Aham.

– Terminamos aqui, Wilson. Agora vamos remar.

Capítulo Quinze

Lembranças

~ ~

"O único lugar onde o sucesso vem antes do trabalho é no dicionário." **Albert Einstein**

Pelo resto da semana, Jordan continua com os treinos. Rema na areia, se equilibra na água e compete contra Dixon para ver quem chega mais rápido do outro lado da ilha com a canoa. Também passa horas fazendo flexões e exercícios físicos, tudo para melhorar seu condicionamento.

E, às vezes, vê-se obrigado a ajudar alguém. Sempre sem saber o que fazer, ele ajuda algumas senhoras a levarem as compras do mercado até em casa. Também ajuda alguns pescadores a consertarem suas redes e sempre lava a louça da casa de Dixon sem reclamar.

Muitos pescadores ainda estão relutantes com Jordan, mas aos poucos, alguns já reconsideram a ideia de reformar a velha casa para ele morar. Depois do acidente do bar, o próprio Augustus conversa com Jordan como se nada tivesse acontecido. Até mesmo planejam em pescar juntos assim que os treinos terminarem.

E na tarde do penúltimo dia, Dixon informa que eles irão para alto-mar para finalmente pescar.

– Tem certeza? – pergunta Jordan, animado.

– Você já treinou demais. Amanhã cedo, antes do sol nascer, sairemos de casa.

– Vou estar acordado.

– É bom mesmo. Ah, acabei de me lembrar. Thomas, o dono do bar, disse que está precisando de um lava-copos para essa noite, então eu te indiquei. Prepare-se pra ir pra lá, seu turno vai começar às sete.

– Está de brincadeira, né? Depois de tudo o que eu fiz nessa semana! Lavar copos? Não, cara, você só pode estar brincando comigo.

– Não, Wilson, não estou brincando. Você ainda tem de cooperar muito para ganhar a aceitação dos moradores da ilha. E será que pode fazer isso sem reclamar? Pensei que depois dessa semana você tinha melhorado seu humor, já que foram poucas as vezes que praguejou contra tudo.

– Eu estive meio distraído.

Capítulo Quinze – Lembranças ■ 127

— Sério?
— Sim. Pensando em algumas coisas. Estes dias foram muito corridos, mal tive tempo para me irritar com alguma coisa.
— Estava pensando no quê?
— Nada importante.

Dixon decide deixar para lá. Espera que Jordan conte o que o está afligindo por própria vontade. Eles tinham feito grandes avanços em todo o treinamento e não queria regredir.

E de noite, Jordan foi para o bar trabalhar como lava-copos. Dixon o acompanhou e enquanto Jordan lavava tudo, ele conversava com o pessoal dali, comentando sobre a crise econômica mundial e sobre pescaria.

Vez por outra, Jordan olhava para uma pequena TV na cozinha para assistir ao noticiário que estava passando. Na casa de Dixon havia televisão, mas a família preferia conversar e ficar junta a ficar na frente de uma tela, então Jordan já tinha se acostumado a ficar sem assistir a nada.

E ali, ouvindo o âncora do jornal falar sobre crises, futebol, clima e criminalidade, ele notou que não tinha ouvido falar em lugar nenhum sobre seu desaparecimento. Como era conhecido e famoso, esperava que os noticiários relatassem o seu sumiço, as suas dívidas e toda a sua corrupção, mas não havia um comentário relacionado à Jordan Danvers. Nem mesmo comentavam sobre o sequestro de Vincent.

Vincent. Isso fez Jordan de repente parar de lavar a louça. Ele ficou encarando a água sair da torneira, sem fazer nada. Os copos foram abandonados na pia e o sabão deixado de lado. Jordan já estava na ilha há muito tempo e vez por outra refletia sobre sua família problemática, mas por todo tempo decidiu ignorar um pouco da realidade. Como estava a história do sequestro? Marie conseguiu resgatar Vincent? E a empresa Danvers? Será que estava tudo acabado? Os policiais federais tinham levado tudo? Thereza, Sr. Taylor, até mesmo Nancy Müller, como eles estavam? Eram tantas perguntas que Jordan não ouviu Dixon se aproximar.

— Está tudo bem? Você está estranho. Pretende gastar água até quando?

Jordan se recupera e fecha a água. Ele volta a ensaboar os copos, querendo terminar logo seu trabalho.

— Já está tarde, você fez um bom trabalho aqui. Thomas até mesmo considerou te pagar.

— Que bom. — Jordan finge se animar.

— Mas é claro que isso não vai acontecer, já que você está cooperando e não trabalhando de verdade.

— Isso aqui não seria trabalho escravo?

— Muito sofrido o seu trabalho, hein.

Jordan respira fundo. Quando seu turno termina e Thomas o libera, ele e Dixon voltam para casa. Jordan ainda está pensativo, quer pedir ajuda, mas não sabe como começar. Até leva em consideração a hipótese de contar seus problemas para Dixon, pedir que este vá até o continente e tenha notícias sobre a família Danvers.

— Você precisa ir dormir, vai acordar cedo amanhã. — diz Dixon ao ver Jordan parado do lado de fora da casa olhando para o céu estrelado.

— Creio que me lembrei de alguma coisa.

Dixon olha para ele atentamente. Não faz nenhuma pergunta, só mantém seu silêncio para Jordan continuar, sem pressão.

— Eu tinha uma esposa. Eu... Não me lembro do nome dela, isso não é importante agora. Só me lembro de ter alguém do meu lado nos últimos anos e de uma série de problemas... — ele olha para Dixon, que permanece sem dizer nada. — Nós nos conhecemos na escola, eu gostava muito dela... Pena que não posso dizer que ela também gostava de mim.

— Não pode?

— Não, porque eu não sei. Quando estávamos juntos, nós dois trabalhávamos para nos sustentarmos. Ela bordava toalhinhas e eu fazia vários bicos possíveis. Então aconteceu uns problemas e surgiu uma oportunidade de eu trabalhar num escritório de imobiliária como faxineiro, em outra cidade. Pode parecer ruim o trabalho, mas aquilo me ajudou muito. Só que tinha a minha namorada... Eu pensei que ela não iria querer abandonar a família, seu trabalho e todos os nossos amigos para correr um risco enorme. Pois, como um faxineiro poderia sonhar em ser promovido rapidamente? Parecia loucura na época e eu não quis envolvê-la. Se eu estivesse sozinho, caso tudo desse errado, ela não sofreria as consequências e também fiquei envergonhado. Eu pensei que era a escolha certa a se fazer. Nós sempre devemos proteger aqueles que amamos, certo?

Dixon assentiu. Puxou duas cadeiras de dentro da casa para fora e fez sinal para que Jordan se sentasse.

– Eu fiquei cerca de um ano fora. Trabalhei duro, mesmo sendo faxineiro. Conversava com todos, busquei conhecimento, informava-me sobre os problemas e todos os negócios da imobiliária. Meus chefes notaram meus esforços e me promoveram para vendedor. Em um mês eu consegui bater o recorde de vendas e aluguéis. Disseram que eu era muito persuasivo e conseguia convencer os clientes a alugarem imóveis que eles sequer precisavam, e que isso, para a empresa, era perfeito. E no final do decorrer de um ano, fui promovido a subgerente. Eu percebi que não tinha muito tempo e que se eu voltasse para casa, gastaria tempo, então preferi trabalhar muito, acreditando que depois de tudo, eu poderia descansar. Todos os meus planos tinham dado certo, eu consegui me organizar, comprei uma casa, comecei a ter uma vida confortável. Então, decidi que era hora de buscar minha namorada. Eu mal via a hora de mostrar para ela todo o meu trabalho. Já me imaginava dizendo "olha amor, eu que vendi aquela casa ali". Ela teria orgulho de mim e nós seriamos felizes.

– Parecia uma vida boa.

– Sim, parecia. Mas isso não aconteceu. Quando eu voltei para nossa cidade, ela já estava casada com um colega nosso, um cara fraco, sem garra e sem nenhum talento. E com um filho recém--nascido! Mal pude acreditar naquilo. E todas as promessas que ela me fez? Todas as juras de amor eterno? Nada daquilo era verdade? Eu disse para ela me esperar, eu voltaria para buscá-la, mas ela não me esperou.

— Vai ver ela tinha seus motivos.

— Duvido muito. Ela parecia tão feliz com o cara. Eles estavam saindo de casa quando eu os encontrei. Riam e se divertiam, pareciam se amar. O olhar dela era como se pensasse "ainda bem que ele foi embora". Aquilo me desolou. Não conseguia acreditar que fora trocado daquela forma. Logo eu, que passei tanto tempo trabalhando duro por ela! Todos os planos que eu fiz, tudo o que eu imaginei... Tudo isso vazou pelo ralo. Sumi naquela mesma noite, sem falar com ela e sem planos para voltar. Retornei à cidade onde estava morando, continuei trabalhando duro. Planejei enriquecer cada vez mais. Se ela tinha me trocado por um cara rico que ia dar boa vida a ela, eu me prometi que não deixaria a falta de dinheiro me regredir mais uma vez.

— Mais uma vez?

Jordan parou e respirou fundo.

— Não gostei de me lembrar de certas coisas.

— Tudo bem, fique à vontade, amigo, tudo tem seu momento.

Jordan assente e continua pensativo. Dixon prefere não dizer mais nada relacionado aos problemas, então resolve mudar de assunto:

— Nós vamos acordar cedo.

— É claro.

— Você está progredindo muito, Wilson. Está vendo como a boa vontade ajuda?

— Eu não estou com boa vontade pra nada. — Jordan confessa.

— Mas parou de reclamar toda hora, isso já melhorou nossa convivência cinquenta por cento.

Jordan dá de ombros e vai dormir.

E no outro dia, Dixon o acorda antes do sol nascer, como prometido, mas nem por isso Jordan fica sonolento. Toda a expectativa e todos os planos para finalmente pescar o deixaram muito animado.

Capítulo Quinze – Lembranças

Os dois e Peter pegam suas coisas e vão até o portinho, com duas canoas. Jordan abraça Peter e segue cantarolando uma música que é acompanhada por Dixon. Jordan está sinceramente feliz com aquela amizade verdadeira, o cuidado dos dois com ele, a ternura com a qual Peter o olha, tudo isso até então era completamente desconhecido para ele.

Eles preparam tudo e saem em alto-mar, sem planos para voltar tão cedo. Dixon quer compensar todos os dias que passou parado na praia, então decide que Jordan também trabalhará ao máximo.

Conforme todos os treinos, eles remam e Jordan descobre que passar o tempo treinando não foi tão inútil.

Jogam as redes de um lado para o outro, assim como arrumam as varas de pesca. Mesmo com todas as ordens, Jordan está tão animado que nem reclama. Ele vê como a rotina de um pescador é complicada, passar dias debaixo do sol quente, ter de preparar seu próprio almoço sem muitos recursos e ainda sofrer com o desrespeito da população. Na ilha, até que ninguém falava mal da profissão, mas Jordan já ouvira várias vezes de seus antigos colegas que pescar não era trabalho de verdade.

– Ainda pensativo?

Jordan acorda de seus pensamentos e ajuda Dixon a puxar uma das redes. Há vários peixes ali, o que garantirão uma boa grana para a família, mas ainda não é o suficiente. A meta é alta, então eles jogam a rede de novo ao mar.

– Estava pensando sobre trabalhos e reconhecimento. Eu me lembrei de que uma vez, na minha empresa, uma psicóloga que contratei disse que, depois de fazer uma longa avaliação, 99% dos funcionários disseram que o que realmente queriam no trabalho era ser motivado e reconhecido. Eu não acreditei na hora, pensando que estavam querendo era perder tempo. Li em vários livros de autoajuda que isso funcionava, mas o que eu podia fazer? Eu aumentava os salários, os promovia e sempre estavam insatisfeitos.

– Não está claro? Eles não queriam dinheiro, queriam ser reconhecidos. Queriam que o chefe deles dissesse: "bom trabalho, pessoal".

– Mas isso não aumenta o ego deles? Não seria pior?

– Se fosse exagerado, até aumentaria. Tudo em exagero é ruim, Wilson, assim como arrogância e superioridade. Como eu já disse várias vezes, dinheiro não é tudo. Você podia pagar milhões para alguém, mas se não a elogiasse, não adiantaria em nada. Por que você está pensando nisso, aliás? Será que notou que depois dessa semana cooperando com os moradores e sendo agradecido por isso, descobriu que elogios são fundamentais?

– Vai saber...

– Não seja tão teimoso, Wilson. – então olha para a água. – Olha só, podemos puxar a rede de novo.

Capítulo Dezesseis

Momentos de Terror

"O que há de característico no terror pânico é que ele não está claramente consciente dos seus motivos; mais os pressupõe do que os conhece e, se necessário, fornece o próprio temor como motivo do temor." **Arthur Schopenhauer**

No dia em que Marie recebeu a notícia de que Vincent havia sido sequestrado, seu mundo caiu. Tremia dos pés à cabeça e nem mesmo a água com açúcar que sua empregada lhe oferecera ajudou. Começou a chorar e gritar dentro de casa, desesperada, em choque, assustada. Queria fugir para algum canto para esquecer seus problemas, não havia para onde ir.

Estava vivendo um pesadelo e não sabia mais como acordar.

Tentou ligar para Jordan, mas o telefone só dava caixa postal. Ligou para a empresa e a secretária Thereza não podia dizer onde estava. Quase ficou louca de raiva. Desconhecendo a real situação de Jordan, acreditava que ele estava de birra e não queria atendê-la.

Os sequestradores ligaram várias vezes. Cobravam uma quantia absurdamente alta pelo resgate, dizendo que sabiam do dinheiro da família e ameaçavam que se Marie chamasse a polícia, poderia dar adeus a Vincent.

Ela não sabia como proceder, não conseguia nem respirar direito. Tudo o que fazia era tremer e pedir "por favor, não matem meu filho" ao telefone; repetia tantas vezes que os sequestradores debochavam.

Ligou para seus advogados, seu psiquiatra, suas amigas, mas todos eles não podiam atendê-la. Sem saída, ela tentava ligar para Jordan sem parar. Estavam separados, mas ela precisava dele. Precisava do seu apoio. Mesmo tendo um muro entre eles, Jordan era sua base. Com o divórcio, perdeu uma parte de si. Com o sequestro, sentia-se moída por dentro, como se cada parte do seu corpo tivesse se quebrado.

Então o telefone tocou. Era Jordan.

Ele disse qualquer coisa sobre ter de fugir do país e Marie explodiu.

Toda a sua raiva acumulada durante o último período gerou agressividade e falta de autocontrole e ela, em vez de pedir ajuda, proferiu as palavras que não devia: "Eu te odeio". Ela não conseguia odiá-lo, apesar de todos os problemas. Seu casamento se desgastou, sim, mas ódio era uma palavra muito forte, ainda mais naquele momento em que ela precisava de apoio urgente.

– Ligue para meus advogados. – Jordan dissera.

Alertou que a bateria estava acabando, mas ela não quis ouvi-lo. Só deixou toda a sua raiva sair, agindo imaturamente.

Quando a chamada caiu, ela se jogou no chão e abraçou os joelhos, em posição fetal. Sentia falta de quando era criança. Mesmo com dificuldades, esses problemas não existiam, não havia com o que se preocupar.

Os sequestradores continuaram ligando e pedindo o dinheiro e ela chorava ainda mais. Decidiu ligar para os advogados de Jordan e por sorte, eles atenderam.

Quando chegaram a casa, ela contou o que tinha acontecido e os advogados ficaram hesitantes. Havia problemas demais para resolver. Divórcio, polícia, fusão de empresas e agora isso. Eram tantos problemas que cada vez mais se arrependiam de trabalharem para Jordan.

Sem contar as grosserias e todos os ataques de fúria de Jordan. Perder o controle e humilhar as pessoas era comum assim como palavras de baixo calão e injúrias.

– Creio que o Dr. Danvers não poderá ajudar agora. – disse um dos advogados.

Marie desconhecia o lado sujo de Jordan. Não imaginava que ele era corrupto e mexia com coisas erradas. Para ela, todo o Império Danvers era fruto de um trabalho árduo e de uma mente genial, e não de corrupção e máfia.

Depois que os advogados finalmente contaram dos problemas, ela se sentiu ainda mais desolada. A empregada lhe trouxe um suco de maracujá dessa vez, mas nada, nem mesmo um forte calmante teria efeito.

– E para onde ele foi? – ela perguntou, depois de tomar remédios.

– Creio que saiu do país para não ser preso. Não achamos o iate dele. Para onde foi, só Deus sabe.

– Aquele desgraçado... – murmurou, ainda com mais ódio.

— Tenha calma, Sra. Danvers, tudo o que precisa agora é respirar fundo. Ninguém resolve problemas de cabeça quente.

— E vocês seguem esse lema?

— Bem, na verdade não.

Ela riu de nervoso e voltou a chorar.

Mais uma ligação dos sequestradores.

— Quanto eles querem pelo resgate? — perguntou outro advogado.

Marie informou e eles respiraram fundo. Pagar aquilo acabaria com toda a renda de Jordan, associando a todas as outras contas, como o divórcio, as ações em baixa e a propina para livrá-lo da cadeia. Jordan estaria falido, seus bens também estavam bloqueados pela justiça até que tudo se resolvesse.

— Vamos aguardar até amanhã para ver se Jordan retorna. Tente convencer os sequestradores a esperar.

Marie não disse nada, pedindo aos céus que aquele furacão passasse.

E no dia seguinte, eles receberam uma carta misteriosa. Dentro de um envelope sem remetente, havia uma foto de Vincent sentado numa cadeira, amarrado. Suas roupas estavam sujas e rasgadas, seus olhos pareciam desesperados. Havia marcas roxas pelo corpo, mostrando que seu filho havia apanhado.

Marie gritou quando viu aquilo. Não conseguia acreditar que os sequestradores eram capazes de fazer algo assim tão rápido. Tinha implorado por tempo, mas pelo visto eles não estavam de brincadeira.

O telefone tocou depois disso.

— Nós queremos logo os duzentos milhões de dólares, dona. O nosso prazo é para amanhã! Se passar disso, seu filho já era!

— Eu não tenho tudo isso!

— É claro que tem, seu maridinho é rico!

— Nós não temos! Por favor, não faça nada ao meu filho!

— É melhor você se apressar se quiser recebê-lo de volta vivo.

Capítulo Dezesseis – Momentos de Terror ▪ 137

– Por favor, não faça nada...
– Então arrume os duzentos milhões! E nada de chamar a polícia, se não seu filho está morto! – e desligou.

Marie voltou a chorar, desesperada. Não tinha como arrumar tanto dinheiro tão rápido. Ligou para os advogados implorando por ajuda, e todos eles sugeriram chamar a polícia. Temendo pela morte de Vincent, ela quis ouvir os bandidos e preferiu não chamar. Começou a vasculhar sua casa procurando itens de valor.

Mexeu em todas as suas joias, achou alguns euros guardados, além de todos os quadros e algumas ações dela, separou bolsas e sapatos. Aquilo tudo não valeria muito comparado ao valor pedido, mas na cabeça dela, poderia ser uma pequena entrada para conseguir mais tempo.

Conseguiu vender boa parte de seus pertences um pouco antes dos sequestradores ligarem novamente.

– Já está com o dinheiro?
– Consegui arrumar dez milhões!
– Nós queremos duzentos!
– Por favor, aceitem isso por enquanto, enquanto eu tento arrumar mais! Não machuquem meu filho!
– Nós queremos duzentos milhões de dólares para amanhã! De onde surgiu isso com certeza sairá mais. Vocês, Danvers, são um poço de dinheiro. E ande logo porque estamos perdendo a paciência.

Marie não conseguia entender por que queriam tanto dinheiro, nem mesmo conseguia imaginar quem seria capaz de sequestrar Vincent. Amigos falsos da família? Inimigos de Jordan? Ou eram apenas bandidos que conheciam a fortuna dos Danvers?

Ela não conseguia chegar a qualquer lugar, só podia pensar no seu Vincent sofrendo na mão daqueles bandidos.

– Chame a polícia! – um dos advogados voltou a sugerir. – Eles vão achar Vincent e o trarão de volta.
– Mas os sequestradores disseram que não era pra chamar!

– É exatamente por isso que você deve chamar, Sra. Danvers! Não se pode confiar em bandidos! Eles podem dizer que vão devolver Vincent inteiro caso você pague os duzentos milhões, mas será que estão dizendo a verdade? Vamos chamar a polícia!
– Não, não! Por favor! Eu vou arrumar o dinheiro... A empresa de Jordan... Vou vender as ações dele!
– A senhora não pode fazer isso!
– Posso sim! Ainda sou esposa dele no papel, eu posso tomar essas decisões! Vou vender toda a empresa, isso vai trazer Vincent de volta!
– Sra. Danvers, não pode vender, não tem direitos! Precisaria de uma procuração.

Marie de repente lembrou-se de que, no dia anterior da sua fuga, Jordan lhe entregara uma procuração total e irrestrita. De início, ela não entendeu, mas como Jordan nunca explicava nada, ela deixou quieto. Então... a procuração só podia ser para aquilo. Jordan sabia que teria problemas e deixou para Marie resolver.

Os advogados não sabiam da procuração, ficaram apreensivos.

Então, pensando que Jordan deixara tudo em suas mãos, Marie não quis ouvir os advogados. Mais rápida do que nunca, recordou-se de vários clientes que Jordan dizia terem oferecido milhões pelas empresas. Conseguiu o número deles com Thereza e naquela mesma tarde, depois de muita correria, conseguiu vender todas as ações e todas as posses que ainda não haviam sido bloqueadas. Todos estavam interessados no Império Danvers e não perderiam essa oportunidade.

A empresa estava passando por dificuldades, as ações estavam em baixa, mas Marie pouco se importava. Vendeu também sua casa e os carros, podendo ficar com eles por apenas alguns dias.

Quando o telefone tocou, na manhã seguinte, os sequestradores não estavam nem um pouco pacientes.

– Conseguiu o dinheiro?
– Consegui cento e trinta milhões!
– Faltam setenta!

Capítulo Dezesseis – Momentos de Terror

– Por favor, aceitem isso! Eu não consigo arrumar mais... Por favor!

Silêncio do outro lado da linha. Alguns minutos depois, o sequestrador retorna. Ele diz para Marie levar todo o dinheiro numa bolsa em uma estação ferroviária abandonada fora da cidade e sem chamar a polícia.

Ela obedece, junta todo o dinheiro e antes de sair, Julie que estava viajando, aparece no hall da casa e pergunta o que está havendo.

Marie está furiosa com Julie e grita freneticamente.

– Deixou seu celular desligado todo este tempo, tem ideia do que está acontecendo e do quanto precisei de você? Não tenho tempo, vou salvar seu irmão.

– Ah, já vai tarde.

Marie olha para Julie como se nunca a tivesse visto, não conhecia de fato sua filha.

– Sério que você não se importa com ele?

– Por que eu deveria? Você está preocupada com ele, sempre foi assim! Era sempre "Vincent, Vincent, Vincent", você nunca ligou pra mim, pois continue se importando com ele!

– Julie...

A garota voltou para o seu quarto e Marie não soube o que fazer por um minuto. Lembrou-se de ir salvar Vincent e pensou que mais tarde, quando tudo se resolvesse, conversaria com a filha.

Pegou um táxi até o local marcado e apressou o motorista por todo o percurso. Na estação, ela recebeu um telefonema de um número restrito.

– Está com o dinheiro?

– Sim. Onde vocês estão? – ela olhava de um lado para o outro e não encontrava ninguém. A estação estava deserta e silenciosa.

– Chamou a polícia?

– Não.

– Está vendo um vagão abandonado perto? Deixe o dinheiro lá.

– Onde está meu Vincent?

– Primeiro o dinheiro, dona! Deixe-o dentro do vagão!

– Marie correu até um dos vagões de um trem abandonado ali e tentou jogar a maleta muito pesada lá dentro. Depois de dezenas de tentativas frustradas pelo peso da mala, percebeu que não imaginava que tivesse tanta força. Olhou em volta para ver se alguém se aproximava, mas estava sozinha.

– Pronto...

– Nós já vamos entregar o seu filho e... – barulhos do outro lado da linha. – Espere aí. – mais barulhos e uma voz autoritária reclamando. – Ah... Droga... Moça, infelizmente o nosso chefe não vai aceitar os cento e trinta milhões, ele quer os duzentos.

– Mas... eu disse que não tenho mais como conseguir dinheiro!

– Você tem, sim, mais dinheiro! – muda a voz, provavelmente para o chefe da quadrilha – Só está escondendo da gente! Acabou seu prazo, Sra. Danvers. Nós enviaremos o corpo do seu filho!

– Não! Ah, meu Deus, não, não faça isso! Por favor!

– Acabou, Sra. – então há barulhos de tiro e gritos.

Marie se desespera, acreditando que Vincent fora executado. Começa a gritar no telefone e a chorar, tremendo e em choque. Não consegue mais reagir nem respirar. Todo o seu mundo parece ter desabado.

– Vincent, não! – ela berra de um lado para o outro.

Não consegue acreditar que perdeu seu filho. Todos os seus esforços foram em vão e ela escutara tudo. Tudo o que passou na vida tinha desabado naquele momento. Não estava pronta para aquela situação. Primeiro Jordan, depois seu filho... Nenhuma palavra podia narrar todo o seu desespero.

Perder um filho, para uma mãe, é como se o mundo tivesse acabado. Nada mais tem sentido, nada mais tem razão.

As lembranças se remexem na sua mente, deixando-a ainda mais desesperada. Tudo tinha acabado ali. Era o fim.

Capítulo Dezessete

Segredos

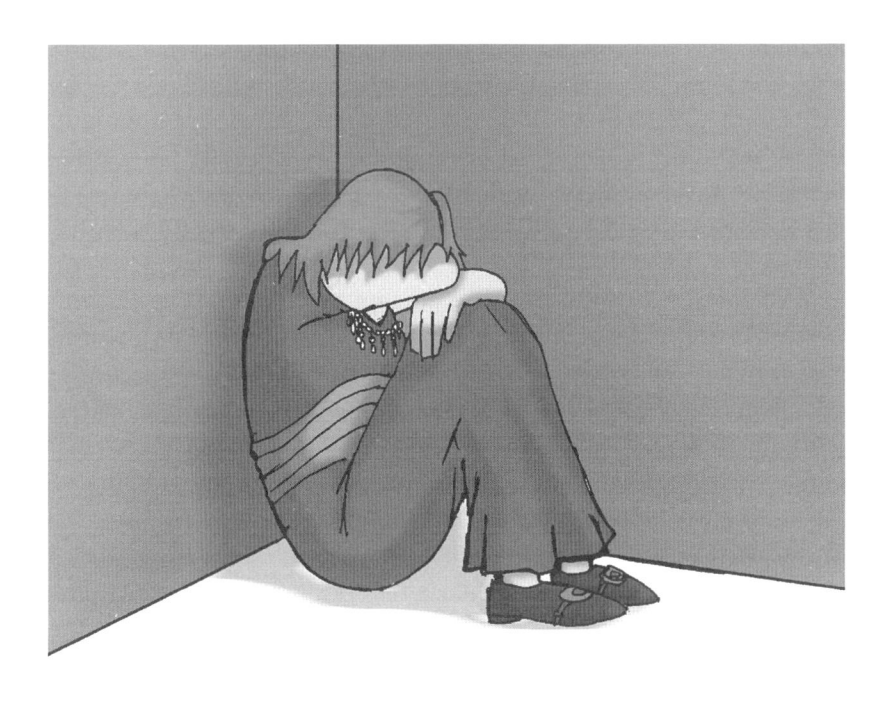

"A um ser humano nada podemos ensinar. Tudo o que podemos fazer é ajudá-lo a encontrar as coisas dentro de si mesmo." **Galileu**

Por muito tempo, todos os conhecidos da família Danvers imaginavam que Marie preferia o filho mais velho. Muitas vezes consolavam Julie e colocavam coisas na cabeça da garota, fazendo-a se sentir deixada de lado. Entretanto, Marie amava seus filhos igualmente.

Coração de mãe não tem predileção. As pessoas só não entendiam que Vincent precisava de cuidados especiais. Quando nascera, faltou-lhe oxigênio e, por isso, várias consequências se agravaram. Os médicos disseram que o menino não tinha muito tempo de vida e Marie entrou em choque. Fez de tudo para salvá-lo, levou-o a vários médicos, fez vários exames, procurou muita ajuda. Não queria ser vencida pelo destino, jurou a si mesma que seria forte e seu filho viveria.

E realmente, por um milagre, Vincent se recuperou e saiu sem sequelas. Cresceu saudável e forte, ainda assim, Marie não se deixou acalmar. Tinha medo de seu pesadelo voltar, então fazia tudo pelo menino, dava muito amor e carinho, tornando-o mimado e dependente dos cuidados dela.

Por isso, muitos confundiam seus cuidados com predileção. Também tinha medo de engravidar de novo e sofrer a mesma coisa, por isso não quis mais ter filhos, por ora.

Isso deixava Jordan louco. Marie não podia lhe contar dos problemas, só conseguia ficar quieta enquanto o ouvia reclamar que ela preferia o pequeno Vincent a ele. Sempre dizia que ela ainda amava Elliot e só se casara com Jordan porque lhe fora necessário.

Isso era mentira. Uma grande mentira que Marie prometeu a si mesma que nunca seria revelada. Diferentemente do que muitos achavam, ela não se casou rapidamente com Elliot porque o amava. Seu coração sempre pertenceu a Jordan, mesmo que este não acreditasse nisso. Mas como ela podia explicar seus problemas?

Ela e Elliot foram uma farsa.

No dia em que Jordan disse que iria para outra cidade tentar melhorar de vida e não a levaria, seu mundo desabou pela primeira vez. As palavras dele foram rudes. Se foram para parecer protetoras, como se Jordan quisesse dizer que não a levaria para

Capítulo Dezessete – Segredos ▪ 143

protegê-la, ele falhou e muito. O tom era de desprezo e desapego, como se ele nunca a tivesse amado.

Ela ficou desolada. Um mês depois, descobriu-se grávida e não teve mais nenhuma notícia de Jordan.

Grávida e abandonada, estava sem saída. A cidade era pequena demais e muito tradicional. Todos se conheciam, fofocas corriam soltas e sempre pioravam as notícias. Mães solteiras não eram bem-vindas e seus pais nunca aceitariam que Marie criasse um filho sozinha.

Ela não queria desistir, queria encontrar Jordan a todo custo. Queria pelo menos informar sua situação, esperando que ao saber da novidade, ele voltaria para ela. Tentou entrar em contato com ele, porém não conseguiu. Tinha perdido todos os meios para falar com Jordan nem sabia por onde ele estava.

Até mesmo buscou ajuda com Elliot, amigo do casal e seu confidente desde criança. Queria saber se pelo menos ele sabia sobre Jordan, se tinha deixado algum recado ou pista, mas Elliot também não tinha notícias. Sem saber o que fazer, Marie confessou que estava grávida e com medo. Elliot encarou isso como uma grande urgência e até mesmo procurou por Jordan nas cidades vizinhas. Novamente, nenhum sinal.

Elliot e Marie acabaram se aproximando devido às buscas. Viam-se diariamente e Elliot era o ombro amigo onde Marie chorava todos os dias sem saber onde tinha errado.

– Ele é um moleque irresponsável! – dizia ele para acalmar Marie, mesmo que estivesse com raiva. Presumia que Jordan tinha sumido por desconfiar da gravidez, e jamais o perdoaria por isso.

Então Elliot resolveu agir. Fez uma proposta que serviria tanto para os dois. Apaixonado por Marie desde criança sugeriu que os dois se casassem. Assim, o filho seria tratado como se fosse dele e a cidade não julgaria tanto Marie. Ele estava lhe oferecendo abrigo e uma oportunidade. Aquilo foi como um copo d'água em um dia quente. Marie ficou aliviada. Mesmo se sentindo culpada por usar Elliot desse jeito, e sabendo que nunca seria capaz de amá-lo, era sua única saída.

— Nós vamos contar para ele assim que ele retornar. – disse Elliot, referindo-se a Jordan. – Ele merece saber que o filho é dele. Vamos escrever uma carta agora, explicando tudo, para ele, mas no nosso endereço. Ficará lacrada até ele voltar. No momento certo, nós entregaremos a carta e ele entenderá.

Mas Jordan nunca mais apareceu e Marie já estava quase desistindo de voltar a ficar com o amor da sua vida, acreditando que não havia mais esperança.

Durante três anos ela e Elliot viveram na mesma casa como irmãos. Ele fazia de tudo por ela e pela criança. As pessoas os achavam um casal perfeito, mas somente Marie sabia o que se passava dentro dela. Ódio, desespero, humilhação por ter sido abandonada pelo pai do seu filho. Ela devia a Elliot muito mais do que poderia pagar, pois quando Vincent ficou doente, quando nasceu, ele vendera seu carro e não mediu esforços para pagar o melhor hospital. Elliot foi persistente e paciente e um dia, conseguiu ter Marie como mulher.

E então, oito anos depois do sumiço de Jordan, as coisas mudaram de rumo.

Num dia, aconteceu na cidade um evento com muita gente importante, para a inauguração de vários prédios da prefeitura. E Jordan estava no meio.

Ele e Marie se encontraram na multidão e o mundo pareceu parar para os dois. Oito anos mais velhos, não estavam muito diferentes do que se lembravam, mas a aparência não fazia muita diferença. Ainda havia amor aceso entre os dois, mesmo com tantas mágoas e segredos. Quando Elliot viu a cena, sabia que tinha acabado para ele. Por muito tempo tentou conquistar Marie, mas ela nunca se interessou. Nada a faria esquecer o quanto amava seu ex-namorado e aquilo era irreversível e doloroso para Elliot, pois entendera naquele momento que ela jamais o amaria daquele mesmo jeito.

– Eu vou buscar a carta. – ele disse, na esperança que ela dissesse "não precisa, eu não quero nada com ele".

Mas ela só fez "aham", inerte pela situação. Isso o deixou coberto por mágoas.

Capítulo Dezessete – Segredos ▪ 145

Voltou para casa chorando. Procurou a carta por todos os lados até finalmente encontrá-la. Ali estavam as palavras que mudariam várias vidas, inclusive a sua. Não podia acreditar que estava fazendo aquilo.

Ele foi para o carro, dirigindo em direção ao evento. Sabia que Marie não tinha tempo a perder. Tudo tinha acabado para os dois.

Entretanto, Elliot não conseguiu voltar para o evento. O acidente foi predestinado. Nada poderia mudar aquela realidade. Numa confusão de marchas e freios, ele não viu o caminhão cruzando a pista.

A partir daquele dia, coberta de culpa, Marie decidiu que não contaria nada. Todos ficaram chocados com a morte de Elliot e a tratavam como a viúva da cidade. Os moradores estavam preocupados com ela e com o pequeno Vincent, sem saber o que aconteceria com mãe e filho.

Marie jamais poderia acabar com aquela imagem de viúva. Se contasse que seu filho não estava órfão de pai, provavelmente seria julgada por mentir todos esses anos.

Quando Jordan veio consolá-la, ela afirmou que o garoto era filho de Elliot. E mesmo isso machucando Jordan por anos, continuou com a farsa, até mesmo depois que finalmente se casaram.

Aquele segredo jamais poderia ser revelado. Vincent seria para sempre filho de Elliot e nada poderia mudar isso.

Capítulo Dezoito

Recuperação

~ ~

"O insucesso é apenas uma oportunidade para recomeçar com mais inteligência." **Henry Ford**

Marie ainda estava chorando e em choque quando o telefone em suas mãos tocou. Já estava num táxi voltando para casa, totalmente aterrorizada. Não esperava nenhuma boa notícia.

– Sra. Danvers? – o outro lado da linha gritou.

– O quê?

– É o advogado Taylor.

– O que você quer?

– Onde está o dinheiro do resgate?

– O quê?

– O dinheiro que você ia deixar na estação abandonada, onde está?

Marie olhou em volta. Tinha esquecido o dinheiro lá.

– Droga! – virou-se para o taxista e pediu que voltasse – Mas por quê? O que você quer com ele?

– É que... Bom, vou deixar ele falar com a senhora.

Marie ficou sem entender.

– Mãe, da próxima vez, chame a polícia!

Mais um choque. Era a voz de Vincent.

– Vincent? Vincent? Como assim? Você está vivo!

– É claro que eu estou vivo. Ai! – ele deu um grito. – Espere aí que estão me colocando numa maca, ai! Fala com o Dr. Taylor.

– O quê? Maca? Como assim? Rápido motorista, mais rápido!

– Sra. Danvers, diga que o dinheiro está consigo. – o Sr. Taylor pegou o celular.

– O que está acontecendo???

– Eu resolvi agir, Senhora. Chamei a polícia, reunimos pistas, procuramos em toda a cidade, até finalmente acharmos o Vincent. Nós tivemos uma troca de tiros aqui e acertaram Vincent, mas foi de raspão, calma! Fora isso, está tudo bem... Prendemos a maioria dos sequestradores, infelizmente um deles fugiu e o chefe disse que não importava se fossem presos, eles ainda teriam cento e dez milhões. Então diga, por favor, que a senhora está com o dinheiro...

— Eu deixei no vagão do trem daquela estação abandonada... Mas já estou chegando!

— Ah, meu Deus, seja rápida antes que um deles vá para lá! O lugar onde Vincent estava não era muito longe da estação!

Quando o táxi chegou à estação abandonada, Marie correu pela construção até chegar ao trem. Pediu ajuda ao motorista do táxi. Infelizmente, as notícias boas tinham cessado. O dinheiro não estava lá.

Ela ligou para o Dr. Taylor, informou o sumiço e mesmo ele dizendo que aquele dinheiro era necessário para a recuperação de todos os problemas da vida deles, Marie não se importava. Seu filho estava vivo. Não via a hora de poder abraçá-lo novamente.

Voltou ao táxi e foi até o hospital para encontrar Vincent. O tiro fora de raspão, só acertara seu braço, então não havia riscos.

— Mãe, foi horrível. — Vincent disse, deitado na cama do hospital, olhando para o teto. Suas mãos tremiam e ele suava frio.

Contou com detalhes como foi ficar sequestrado. Os bandidos sempre estavam com máscaras e nunca falavam com ele. Vez por outra entregavam um prato de comida grudenta e tiravam as fotos para fazer pressão na família.

— Eu não sei por que eles me sequestraram, não consigo entender a lógica disso.

— Está tudo bem, filho, passou...

— Eles só diziam um nome...

— Nome?

— Rose. Diziam que eu estava ali por causa dela. Quem é Rose?

Marie olhou para ele, apreensiva. Mais uma série de problemas retornara à sua mente e ela sentia-se cansada demais para pensar naquilo.

— Ninguém importante agora. Por favor, só descanse.

Vincent balançou a cabeça, respirando fundo. Então se lembrou de algo importante que já devia ter sido feito há muito tempo. Lágrimas escorreram pela sua face, mostrando arrependimento.

– Eu preciso de ajuda, mãe. Eu quero me recuperar, quero minha vida de volta.
– Vincent...
– Julie também. Não deixe que ela vá no mesmo caminho que eu. Ela está se perdendo cada vez mais e alguém precisa pará-la.

Marie respirou fundo. Decidiu de vez parar de tapar o sol com a peneira e saiu do quarto, atrás de uma enfermeira para perguntar onde era o centro de reabilitação melhor e que pudesse salvar seu filho. Sabia que a tremedeira de Vincent não era por causa do medo. Como o médico alertara, ele estava há dias sem sustentar seu vício e precisava ser tratado logo.

Marie estava finalmente tomando posse de sua vida e da de seus filhos. Já não sentia mais medo, forças nunca vistas em sua vida agora a ajudavam a enfrentar os problemas de frente e a encontrar soluções.

– Mãe, você não pode me deixar aqui! – Julie gritou ao ver seu novo quarto. – Não é justo!
– É sim, filha, você precisa, você tem de ficar aqui.

Elas estavam num centro de reabilitação, onde Julie e Vincent receberiam tratamentos.

– Não! Eu não tenho nada de errado! Meus problemas são você e o papai, me deixem livres que eu estou bem!
– Você precisa ficar aqui.
– A culpa é do Vincent, aquele desgraçado! Quis se internar e inventou que eu também uso drogas! Mãe, por favor, mãe, não me deixe aqui.
– São só seis meses, Julie.
– Só seis meses! Você acha que isso é pouco tempo?
– É o necessário para você melhorar.
– Eu não estou doente! – ela começou a andar de um lado para o outro, agressivamente – Eu estou bem! Você não pode me deixar aqui! Exijo meus advogados!
– Você não tem advogados, Julie.

Capítulo Dezoito – Recuperação ▪ 151

– O horário de visitas acabou, Sra. Danvers. – um dos enfermeiros disse.
– Tchau filha. Venho visitá-la nos finais de semana.
– Não! Não! Não! Você não pode fazer isso! Por favor mãe, por favor, não me deixe aqui presa! Por favor...
Marie saiu de perto do quarto, em lágrimas. Ouviu os gritos de Julie por todo o corredor, até os enfermeiros finalmente sedá-la. Não queria deixar seus filhos ali, mas aquilo era preciso. Eles precisavam de ajuda e Marie finalmente poderia ajudá-los.
– Você tem certeza de que quer reabrir a Construtora Danvers? – um dos advogados perguntou.
Marie assentiu. Semanas tinham se passado e tudo mudou drasticamente. Com os filhos internados, ela pôde pensar na melhor saída para os problemas da empresa. Vendeu tudo o que restava, o que não tinha sido usado para pagar o resgate de Vincent, e conseguiu resolver parte dos problemas judiciários. Os advogados tinham ganhado boa parte das causas, mesmo sem Jordan ali.

E apesar de não serem mais ricos, Marie conseguiu segurar as rédeas. E agora, planejava alugar algumas salas para retomar ao trabalho. A Construtora Danvers contava com vários arquitetos e engenheiros que não queriam perder o emprego. Muitos foram a favor da ideia de começar de novo.

– Mas sabe que a essa altura, o nome da empresa está sujo e toda a mídia divulga os processos. – o advogado continuou.

Eles estavam na casa de Marie, na sala, que funcionava agora de escritório. Arquivos e mais arquivos estavam espalhados, papéis e mais papéis. Tudo da empresa fora parar ali e levaria dias para ser organizado.

– Eu sei. E essa é a nossa chance de ajeitar todos os problemas e garantir a confiança da população. Uma volta por cima sem corrupção e nada ilegal, vamos ao topo de forma correta.

– Como a senhora desejar...
Marie sorriu olhando para um catálogo de telefone.
– Há algumas salas para alugar perto do antigo Edifício Danvers. Boa localização, bom preço, acho que podemos tentar.

– Vai ser um recomeço e tanto. De um prédio próprio para uma salinha alugada.
– É claro que vai. Ninguém começa do topo, ainda mais depois de ter uma grande queda. Você vai ver, logo tudo se ajeitará.
– Eu espero. E francamente, senhora, é mais fácil trabalhar com a senhora. Se o Dr. Danvers estivesse aqui, já teria mandado todo mundo embora e desmotivado todos nós.
– Eu sei. Por isso estamos recomeçando.

Capítulo Dezenove

Um Novo Estilo de Vida

*"Habilidade e atitude são as ferramentas
que superam qualquer diploma."*

Os dias se passam lentamente. Jordan e Dixon ganham a rotina de ir ao mar pescar e só voltar à noite. Aos poucos, Jordan vai aprendendo a ser como um pescador. Sempre se organiza e vende os peixes no mercado conseguindo lucro. Dixon até mesmo estende o prazo para Jordan arrumar um lugar para ficar, visto que este está se esforçando.

E nos horários livres, Jordan tenta cooperar da forma que pode. Faz amigos e aos poucos vai ganhando apoio dos moradores.

– Nós vamos ao continente amanhã. – Dixon diz, quando voltam para a casa, numa tarde. – Você quer vir?

Jordan pensa um pouco. Desde que resolvera contar para Dixon parte dos seus problemas, mal teve tempo para pensar neles. Sua rotina também ficou apertada, então não se deixava levar pelos pensamentos. Porém, imaginar em ir ao continente trouxe tudo de volta. Tinha medo de ir para lá e ser reconhecido, mesmo que não aparentasse mais ser um executivo de sucesso. Não queria jogar sua nova vida fora.

– Vou ficar aqui, é melhor.

– Tem certeza?

– Sim.

– Tudo bem então, tire o dia de folga, não precisa ir pescar sozinho. Celeste e Julie irão comigo, aproveite e vá ajudar as pessoas.

– Eu ainda tenho de fazer isso?

– Sempre terá.

Jordan respira fundo, mas desiste de teimar.

E no dia seguinte, quando todos partem para Atlantic City, Jordan fica sozinho na casa. Ele descobre ter a oportunidade de vasculhar tudo sem ser flagrado. Apesar de não ter nada em específico para procurar, ele nota que é a primeira vez que pode observar a casa sem as regras de etiqueta. Sempre ouvira dos adultos: "nunca repare na casa dos outros". E agora, como um menino desobediente, mexeu até nas gavetas dos armários da cozinha.

Então parou em frente a um pequeno aparador na sala. Havia vários porta-retratos com fotos da família. Dixon e Celeste aparentavam mais do que nunca serem um casal feliz, com fotos de casamento e festas da ilha. Eram um exemplo vivo de casal perfeito. Raramente brigavam, e se o faziam, reconciliavam-se em outro instante. Eram companheiros e escutavam um ao outro, sempre levando em consideração suas opiniões. Procuravam crescer e evoluir juntos, sem perderem as raízes do amor.

E Marie? O que Jordan poderia falar dela?

Ele a amava, isso era fato, mas não conseguia sentir o mesmo vindo dela. Tinha estruturado toda a sua vida, sempre procurou enriquecer e ter sucesso, tudo para fazer Marie feliz e proporcionar a ela uma vida confortável. E o que ganhava? Ingratidão. Nunca era reconhecido. Seus esforços eram em vão.

Muitas vezes chegara a casa querendo contar do trabalho e ela o encarava de cara feia, reclamando por ele ter chegado tarde em casa, mas sem compreender que Jordan só fazia aquilo para terem dinheiro e para que ela não sofresse por nenhuma necessidade. Na adolescência, os dois não tinham boas condições e Jordan jurou que nunca deixaria Marie em apuros novamente.

Porém, ela via todo o trabalho de Jordan como algo ruim. Talvez ele tenha exagerado um pouco, trocando a família pelo trabalho, mas sempre tiveram uma vida invejável. Isso deveria valer algo, não devia?

Certa vez, numa festa importante, escutara Marie dizer para uma amiga:

– Pelo menos Elliot era um marido presente e companheiro, sempre tentava me conquistar. Jordan nunca tem tempo pra nada.

Ele nunca disse para Marie que a escutou, afogando tudo o que ouvira nas mágoas. Ele nunca tinha tempo para nada? Nunca a conquistara? E todas as joias, roupas, sapatos e bolsas que ele comprara pra ela? Todos os lugares para os quais a levou, todas as pessoas que eles conheceram? Aquilo não contava?

Jordan não conseguia entender onde tinha errado. Já tinha pensado naquilo milhões de vezes e a resposta sempre fora: "você devia ter tempo para sua família". Mas não queria aceitar.

Apesar de todo o tempo na ilha e tudo o que aprendera, não queria confessar, mas o seu maior medo era voltar para casa depois da queda do Império Danvers e ser rejeitado por Marie e seus filhos por não ter mais dinheiro. Acreditava que se não tivesse dinheiro, ninguém mais o aceitaria por perto. Não confiava na realidade, não confiava nem em si mesmo. Pensava que se perdesse tudo, também perderia a família.

Detestava admitir, mas isso precisava ser feito. Ele era coberto por máscaras. Por fora, um poderoso homem que faz o que quer quando quiser. Por dentro, um garotinho que tem medo de ser rejeitado e abandonado. Tinha usado todas as suas armas para lhe garantir uma pose autoritária, sempre fazia escolhas inusitadas e negava-se a falhar, sendo que à noite, seus pesadelos o assustavam.

O problema nunca fora ver o seu Poder desmoronar e sim assistir a Marie e seus filhos indo embora sem poder fazer nada. E, inexplicavelmente, tudo isso tinha acontecido.

– Wilson, Wilson!

Jordan abre os olhos de repente e olha em volta. Não estava mais mexendo nos pertences da família, na verdade, deitara-se no sofá da sala enquanto refletia seus problemas e acabou adormecendo. Então, não percebeu que estava anoitecendo e Dixon e todos retornaram.

– Ah, vocês chegaram... – ele se espreguiçou e se levantou. – Como foi em Atlantic City?

– Ocorreu tudo bem. – Dixon deixa algumas sacolas na mesa da cozinha e volta à sala. – Mas venha, você tem de ver uma coisa.

– O quê?

Dixon não responde, apenas sai da casa. Jordan o segue e junto com Celeste, Janine e Peter, eles vão até uma casinha pequena no fim da rua.

– Você pode ter dormido o dia todo, mas os moradores aqui são bastante atenciosos. – Dixon sorri.

– Como assim?

Há algumas famílias ali perto, todos curiosos e sorridentes.

– Essa é a sua nova casa, Wilson.

Capítulo Dezenove – Um Novo Estilo de Vida

Ele fica boquiaberto enquanto tenta adivinhar se aquilo é pegadinha ou não.

– Tá falando sério?

– É claro. Todos concordaram que você poderia ficar com essa casa, já que ela está vazia há tanto tempo... Toda a sua cooperação foi recompensada! Você só vai ter de reformar um pouco a casa, mas podemos conseguir alguns móveis através de doações.

– Eu tenho uma cama velha lá em casa, era do meu filho que se mudou. Acho que pode servir. – um dos moradores está animado e já queria ajudar.

– Oh, isso seria ótimo. – Jordan nem sabe o que dizer. Só olha para a casa com admiração.

A casa é pequena, de madeira, no mesmo estilo de todas da ilha. Precisa de uma pintura urgente por fora e uma cerca nova, mas ainda assim é habitável.

– Pode entrar, Wilson, a casa é sua. – Dixon diz.

Ele assente e passa pelo portão. A porta está aberta, revelando uma sala vazia, seguida por uma cozinha, um quarto e um banheiro. Tudo precisa de uma nova camada de tinta, uma boa limpeza e móveis, mas aquilo era um começo.

– Sério que vou poder morar aqui? – Jordan se sente animado.

Diferente do Jordan de antes que se preocupava com o maior luxo possível, aquele Jordan, o que pescava e tentava ajudar as pessoas, já pode se imaginar morando na casinha.

– É claro, Wilson.

– Mas eu nem fiz nada para merecer a casa!

– Você cooperou com todos nós.

– Está brincando? Eu não fiz nada demais.

– Ajudou as pessoas de todas as formas possíveis. Montou nossa cooperativa, cuidou de crianças, ajudou com a pesca, lavou pratos, até mesmo carregou compras para as senhoras e consertou barcos. Isso não é nada?

– Qualquer um faria isso.

– Wilson, está ouvindo o que você está falando? Está se reconhecendo?

Jordan dá de ombros. Não sabe o que pensar. Está há tanto tempo na ilha ouvindo um pescador que duvida de todas as suas crenças. Estranhamente, tinha se acostumado com aquela vida.

– Venha, vamos embora. Por enquanto você ainda permanecerá lá em casa até conseguirmos alguns móveis. Também poderá comprar algo com o dinheiro dos pescados.

– É, terei de reformar a casa também.

– Sim.

Quando todos estão indo embora, Jordan se lembra de algo importante.

– Obrigado. – ele diz para Dixon. – Pela casa.

– Eu não fiz nada. Você fez por merecer. Continue desse jeito e irá longe!

Pelos próximos dias, a rotina de Jordan volta a ficar puxada. Ele não volta para o mar para pescar, mas toda a sua atenção mantém-se em sua nova casa. Com ajuda de Dixon, Peter, Augustus, Mark e Thomas, eles passam a semana pintando as paredes, trocando madeiras e reformando o que precisa. Ajeitam o telhado, o banheiro, o encanamento da cozinha e a rede elétrica. Celeste, Janine e Ruth vêm ajudar na limpeza e alguns moradores já doam ou vendem por preços baixos móveis e eletrodomésticos usados. Jordan paga tudo com o dinheiro dos peixes dos seus dias de pesca e Dixon também lhe empresta certa quantia.

Quando terminam, a casa parece nova. É simples e humilde, mas organizada.

– O próximo passo agora é você conseguir comprar sua própria canoa. – Dixon já faz planos.

É noite e depois de jantarem na casa de Dixon, eles voltam para a nova casa de Jordan.

– Por enquanto, eu vou focar em conseguir minha própria comida. – Jordan brinca. – Será que vou conseguir cozinhar direito?

– Por enquanto, não se preocupe com isso. – Celeste diz. – Pode ir lá pra casa almoçar e jantar sempre que precisar.
– Eu penso que não quero mais atrapalhar...
– Wilson, você não atrapalha. É como se fosse da família agora. – Dixon sorri.
– Eu nunca vou conseguir agradecer tudo o que vocês fizeram por mim.
– Não se preocupe com isso. Muita coisa vai rolar ainda. Você ainda aprenderá a cozinhar meu famoso ensopado de peixe e no futuro nós vamos vir aqui jantar.
– Só se você lavar a louça no final.

Eles riem e Jordan termina de arrumar suas coisas. Vai ser sua primeira noite na casa.

– Você vai ficar bem? – Celeste pergunta. Ela lhe trouxera roupa de cama e alguns cobertores.
– Vou, é claro.
– Você pode ter a nossa idade, mas eu sinto como se um filho meu estivesse saindo de casa. Será que vai ser assim quando Peter for embora?
– Mãe, se eu for embora, não vai ser mais longe que o outro lado da rua, relaxe.

Celeste ri e Dixon diz que é hora de ir embora.

– Até amanhã, Wilson.
– Até amanhã, Dixon.

Capítulo Vinte

Pesadelos

"Não importa aonde queremos chegar com o outro, o mais importante é saber onde ele está. Os meus pesadelos nada mais são do que eu buscando a mim mesmo e eu mesmo buscando meus pesadelos."

Quando Jordan acorda na manhã seguinte, ele se sente mal. Ofegante e assustado, teve uma noite ruim, apesar de esperar que fosse uma noite agradável, já que era sua primeira noite na casa nova.

Mas a sensação de estar sozinho num lugar novo lhe trouxe péssimas lembranças que o fizeram rolar de um lado para o outro na cama. Ele precisava urgentemente se livrar daquilo, não importava como.

Quando Dixon vem lhe chamar para irem pescar, ele só consegue dizer que não poderá ir. Sente-se tão estranho e desanimado que não tem vontade nem de sair de casa.

– O que aconteceu? – Dixon pergunta, preocupado. – Nós estávamos indo tão bem, não vá retroceder agora.

– Não é nada. – Jordan diz, sentando-se na cama e esfregando os olhos. A cada minuto novos flashes aparecem em sua mente, numa dança torturante. Ele pode ouvir gritos, brigas e tudo que tentou esquecer por muitos anos.

– Tem certeza?

– Eu tinha uma avó. – ele se vê dizendo de repente e sem saber a razão que o levou a se abrir dessa forma. – O nome dela era Adelle.

Dixon não diz nada, apenas observa Jordan, dando-lhe espaço para continuar.

– Eu a considerava como a melhor pessoa do mundo. Sempre cuidou de mim e me deu amor. Foi como uma mãe, sem medir as consequências para garantir meu bem-estar. Diferente de Rose...

Silêncio por alguns segundos. Jordan fecha os olhos enquanto novas lembranças zombam de sua sanidade.

– Rose era minha mãe biológica. Eu não a conheci direito. Ela nunca parava lá em casa, nunca quis saber de mim e eu nunca quis saber dela, afinal, eu tinha minha avó... E tinha meus irmãos também, mas num dia... Eles não estavam mais lá. Rose os vendeu. Ela estava se relacionando com traficantes e prostituição, acabou arrumando uma grande dívida e só conseguiu pensar que os filhos

Capítulo Vinte – Pesadelos ■ 163

poderiam ser uma grande forma de conseguir dinheiro. Que mãe tem coragem de vender os próprios filhos? Como ela pôde ter feito algo assim? Depois daquilo, nunca mais vi meus irmãos. Eles podem estar em qualquer lugar agora. Tive notícias que estariam na Itália, fazendo sabe Deus o quê. Talvez tenham tido a sorte de pararem num orfanato e serem adotados por famílias bondosas, mas... Provavelmente estão perdidos no mundo, se é que estão vivos.

Falar dos irmãos não era algo fácil para Jordan. Ele mal se lembrava deles, mas ainda assim se comovia.

– Minha vó não deixou que eu fosse vendido. Ela foi para cima da minha mãe e a impediu. Depois disso, Rose não apareceu por um bom tempo. Eu e minha avó achamos que poderíamos viver sem problemas a partir de então. Pena que estávamos errados. Houve um dia, quando eu era criança, que ela foi me buscar na escola e na volta, encontramos nossa casa toda revirada. Dois agiotas estavam atrás de Rose e não mediam consequências para encontrá-la. Disseram que ela estava novamente com uma enorme dívida e exigiram pagamento. Minha vó respondeu que não víamos Rose há anos e os agiotas não se contentaram. Eles disseram, apontando pra mim: "Ela vendeu os filhos para pagar parte das dívidas, podemos vender esse daí também". Esse foi o maior erro, tanto deles quanto da minha vó. Eles tentaram me pegar e ela pulou em cima deles, tentando me salvar. Então atiraram nela e antes de falecer, ela me mandou correr para longe. Os agiotas disseram que se eu corresse, eles me matariam também. Foi a primeira vez na vida que eu não soube o que fazer. Demorei um tempão para decidir e segui o que minha avó disse. Corri o máximo que pude e quando voltei, eles não estavam mais lá.

– E Rose?

– Ela estava. A filha da mãe tinha voltado e estava lá, olhando para o corpo da minha avó. Na hora eu enlouqueci. Eu era novo, mas entendia da vida o suficiente para culpar alguém, e naquele momento, Rose era a culpada de tudo. Ela ainda teve a cara de pau de me perguntar o que tinha acontecido. Eu explodi, gritando que era tudo culpa dela e eu a odiava. Se não fosse por todas as dívidas, minha avó ainda estaria viva e meus irmãos estariam com a gente. E sabe o que ela me disse? "Seja rico se não quiser ter esses problemas. É até bom você começar a trabalhar logo para me livrar dessas coisas"! Ela não se desculpou, não mostrou remorso nem nada parecido, só me mandou trabalhar para sustentar seu vício! Quando eu disse que não trabalharia coisa nenhuma, ela respondeu: "Eu sabia, você é um inútil, nem para trabalhar serve. Vai ser pobre a vida inteira e por isso ninguém vai te querer por perto". E foi naquele instante que jurei trabalhar, enriquecer e nunca mais colocar os olhos nela.

– Os agiotas te deixaram em paz? Wilson, você deveria ter chamado a polícia.

– Eu ia chamar... Mas depois que minha mãe foi embora, eu encontrei um bilhete. Dizia: "Não conte para ninguém o que aconteceu aqui ou você sofrerá as consequências". Eu imagino que esse seja o problema do ser humano, nós sempre recuamos quando nos sentimos intimidados. Talvez eu devesse ter chamado a polícia, mas fiquei com medo.

– Você era só um garoto.

– Mas eu devia ter pensado em algo... Não podia ter sentido medo daquele jeito, eu precisava de ajuda! Se eu tivesse chamado a polícia, teria acabado em um orfanato, e olha, eu não sei se reclamaria. Até porque, depois que minha avó morreu, eu fui morar com nosso vizinho, o Alef. Todos diziam que ele era namorado da minha avó, mas ela o odiava, assim como eu. Ele era um homem repulsivo, nem sei como aceitei ir morar com ele. Eu estava mesmo desesperado.

– O que aconteceu com ele?

– Ele me obrigou a trabalhar para sustentar sua bebida. Batia em mim e sempre enchia a casa com mulheres. Dizia que a casa era dele e ele fazia o que ele quisesse. Eu não aguentava mais. Tudo acabou quando, numa noite, eu estava dormindo e ele, bêbado, entrou no meu quarto. Ele ia puxar minha coberta quando eu me levantei correndo. Sem olhar para trás ou pegar qualquer um dos meus pertences, nunca mais voltei para aquela casa. Preferi morar nos fundos de uma lanchonete e trabalhar o dia todo para ter abrigo do que ter de voltar para lá.

– Meu Deus, Wilson... – Dixon está coberto de compaixão pelo amigo, aquilo explicava muita coisa.

– Isso passou. Eu me virei. Firmei a ideia de que precisava de dinheiro para melhorar de vida. Conheci Marie e aos poucos fui focando em meus objetivos. E sabe... Lembra-se quando eu disse que tive a oportunidade de morar em outra cidade e trabalhar numa construtora como faxineiro? Esse não foi o único motivo da minha mudança. Num dia, depois do trabalho, os agiotas voltaram. Disseram que Rose estava com problemas de novo e que eu deveria trabalhar como avião para quitar as dívidas. Dix, aquela mulher não parava nunca! Eu tentei recusar, então os caras disseram que iam me machucar e machucar a todos que eu amava. Só consegui pensar na minha namorada. Eu não podia metê-la naquela situação, assim, na primeira oportunidade, sumi da cidade e limpei todos os meus rastros. Quanto menos ela soubesse, melhor.

– Wilson...

– E mesmo que ela tenha se casado com o primeiro que apareceu depois que sumi, não me arrependo em nenhum momento de ter ido embora para salvá-la. Ela não merecia sofrimento.

– Você a ama de verdade.

– Todos os dias da minha vida.

– Eu espero que quando você recupere a memória totalmente e sinta-se pronto para voltar, vocês façam as pazes.

– Isso não vai acontecer, ela me odeia.

– É para isso que serve o perdão. Se vocês conversarem, ela vai entender.

– Eu duvido. Não é pela questão do amor e sim dos meus outros problemas. Eu fiz coisas que me classificariam como os agiotas que destruíram a minha infância. Tornei-me um homem bem-sucedido, mas foram necessárias várias jogadas destrutivas para me levar ao topo. Não me orgulho mais da minha antiga imagem. Hoje, refletindo sobre isso, percebo que do mesmo jeito que estragaram a minha vida, eu estraguei a de muita gente.

Capítulo Vinte e Um

Ser um Cidadão Honesto ou um Corrupto É Só uma Questão de Querer!

"Tudo está bem com você, mesmo que tudo pareça estar completamente errado, se você está em paz consigo mesmo. Inversamente, tudo está errado com você, mesmo que exteriormente tudo pareça estar bem, se você não está em paz consigo mesmo." **Mahatma Gandhi**

Dixon não diz nada, tentando entender aquelas palavras.

– Eu precisava enriquecer. Estava montando a minha própria construtora e precisava das melhores localizações. Havia uma casa num terreno perfeito para um início. A família era pobre, tinha herdado a casa. Achei que seria fácil levar. Eles recusaram e eu me estressei. Já estava aprendendo a ser teimoso e arrogante. Acabei ameaçando a família, disse que se eles não me vendessem, se arrependeriam. Estranhamente, alguns dias depois recebi a notícia de que um dos filhos deles tinha sofrido um acidente e não resistira. Ficaram com medo de mim, achando que tinha sido minha ordem, apesar de não ter sido. Eu tinha ameaçado, tudo bem, mas não seria capaz de matar alguém. Entretanto... pareceu uma boa saída. Foi uma grande jogada. Consegui o terreno, me venderam por uma pechincha. E no enterro, que fiz questão de aparecer, um dos meus advogados me perguntou sobre como eu arrumei aquela estratégia. Respondi-lhe que a sorte estava ao meu favor. Infelizmente, hoje não tenho orgulho disso.

– Pelo menos se arrependeu.

– Não acho que isso seja o suficiente.

– Talvez você devesse ir até a família e dizer que tudo não passou de uma coincidência.

– Eles não me ouviriam.

– Claro que ouviriam. É só tentar. Mas anda, nós temos que ir pescar.

– Tem certeza?

– É claro. Logo agora que você conseguiu a aceitação da ilha quer desistir? Não pode! Anda, vamos. Talvez venha uma tempestade, precisamos ser rápidos.

– Se vai vir uma tempestade, por que vamos pescar?

– Não vai ser agora, só de tarde. Nós voltaremos na hora do almoço.

Jordan desiste de teimar e vai se arrumar. Algum tempo depois, ele e Dixon pegam os equipamentos de pesca e vão pescar. Em alto-mar, jogam as redes e preparam as varas. O céu em cima deles

está nublado, mostrando que logo devem se preocupar com uma tempestade.
– Você consegue se lembrar de tudo agora? – Dixon pergunta.
– Só algumas coisas.
– Lembra-se do seu nome?
– Não.
– Mas e de outras coisas que você fez? Você disse que tinha uma construtora...
– Eu me lembro de ser o mais corrupto possível. Mexi com lavagem de dinheiro, ameacei as pessoas, paguei propinas para ter os melhores lugares, convenci que o meu jeito era certo...
– Está arrependido?
– É claro.
– E por quê?
– Aquele modo de vida não vale a pena.
– Vai tentar ser melhor agora? Vai cooperar com as pessoas? Vai fazer o que é certo?
– Eu estou tentando, não estou? Aprendi a pescar, ajudei quem precisava, consegui minha própria casa... Está tudo indo nos conformes.
– E a sua família?
– Eles não precisam de mim.
– Talvez estejam sentindo sua falta.
– Aonde você quer chegar, Dixon?
– Talvez seja melhor você voltar pra casa.
– O quê? Como assim?
– Não pensa que já fugiu demais dos seus problemas? Que é hora de arrumar tudo?
– Não tenho mais nada pra fazer.
– Marie deve estar sentindo sua falta.
– Duvido. Não há nada que eu possa fazer lá.

– Você tinha de lembrar seu nome, aí poderíamos saber de onde você veio. Será que é de Nova York?
– Eu não sei. E não vou voltar, mesmo se soubesse. Meu lugar é aqui agora.
– Seu lugar é com a sua família.
– Qual é o seu problema, Dixon? Por que está me expulsando desse jeito? O que foi que eu fiz? Eu fiz algo de errado? O que mais tenho de fazer para você parar de implicar comigo? Vou ter de lavar toda a sua louça de novo?
– Você não fez nada demais, só que é hora de voltar. Não é certo fugir dos problemas.
– Você não sabe de nada. Eu vou ficar aqui.
– Você deve ter filhos... Eles devem estar preocupados com você. Devem sentir sua falta.
– Eles me odeiam.
– Então volte e faça por merecer o amor deles. Passe mais tempo com sua família. Eles vão agradecer.
– Eu não posso voltar atrás.
– Tem medo de ser preso?
– Pode ser que sim. Eu não sei o que está acontecendo por lá e não quero descobrir. Pare com essa conversa, eu vou ficar na ilha.
– Nossa ilha não é lugar para fugitivos. Se a polícia chega ali, todo mundo vai ser preso por cumplicidade.
– Esse é o seu medo? É isso que você está temendo? Que todos sejam presos? Francamente, Dix!
– Eu só quero proteger a ilha, Wilson.
– Eu não sou um problema para ela. E é assim que a gente descobre o caráter das pessoas, não é mesmo? Passou o tempo todo querendo me mudar, como fez com todos os "barras-pesadas" e agora quer me expulsar assim?
– Não estou te expulsando, só quero que você pense no que é melhor. Você não pode simplesmente abandonar tudo assim, ainda mais agora que recuperou a memória. Não é justo com as pessoas que se importam com você.

Capítulo Vinte e Um – Ser um Cidadão Honesto ou um Corrupto... ■ 171

– Não há nada para fazer lá, ninguém se importa comigo, já disse. A partir de agora serei um velho pescador. Você não disse que era um por opção? Essa é a minha escolha.

– Wilson...

Jordan respira fundo e se concentra na pescaria. O céu acima deles se fecha ainda mais. Desde que chegara à ilha, ele não presenciara nenhuma outra tempestade além do seu acidente, e ali, justo quando estava no mar, o céu ameaçador parecia um mau presságio.

– Nós não devemos voltar? – Jordan pergunta.

– Sim, você devia.

– Não estou falando de mim, estou falando de nós dois, para casa. Agora. Olhe para o mar, ele está ficando agitado.

– Vamos, pode puxar as redes.

Eles recuam com todos os equipamentos e Jordan se prepara para voltar à praia. Porém, o mar fica mais violento e a cada remada que dão, mais longe a ilha parece ficar.

– Eu sabia que não devíamos ter vindo. – Jordan grita, perdendo o controle.

– Está tudo bem. – Dixon, com dificuldade, fica de pé na canoa.

– Como assim? Como você, que é todo cheio das regras, vem dizer que está tudo bem? Sente-se, você vai acabar caindo! – Jordan está com muito medo.

– Mas está tudo bem! Não há com o que se preocupar, só é uma forte tempestade.

– Só uma forte tempestade? Olha esse céu escuro! Eu avisei desde cedo que não deveríamos vir!

– Pare de reclamar, Wilson.

– Qual é o seu problema? Primeiro quer me expulsar, depois age que nem um irresponsável?

– Quem é você para falar sobre responsabilidade? Não é você que faz tudo pelo lado errado? Corrupção não é um lado muito responsável, Wilson.

– Eu disse que me arrependi por tudo o que fiz! Agora você vai jogar tudo na minha cara? Sério?
– Você abandonou sua família, abandonou todos os seus problemas, deixou tudo para os outros resolverem.
– Eu não tinha escolha! Pare com isso!
– Você não se importava com ninguém, não tinha tempo, só queria trabalhar!
– Eu tinha meus motivos!
– É arrogante, teimoso, orgulhoso, egoísta e egocêntrico. Não faz nem questão de ajudar sua família!
– Qual é o seu problema? – Jordan repete, assustado e irritado.
– Pare com isso! Não quero mais te ouvir!
– Você deixou todos na mão, quis fugir para não encarar a realidade!
– Pare!
O mar em volta está cada vez pior. As ondas tendem a crescer e o barco desliza por cima delas numa velocidade assustadora. Dixon continua de pé, irresponsavelmente, enquanto Jordan tenta abaixá-lo para ajudar a segurar as coisas.
– Quer fugir agora Jordan? Sair correndo, que pena Jordan, aqui você não pode. E os seus filhos? Vai deixá-los assim mesmo? E o seu trabalho? Tanta corrupção! Você pensa que a sua avó se orgulharia disso?
– Cretino, você sabia meu nome o tempo todo! Mentiroso!
– Wilson, Jordan, Dixon... Dona Adelle conhece bem qualquer um dos três.
– Não fale da minha avó! Você não me conhece! Você não sabe como eu me sinto!
– Ah, Eu sei muito bem! Você tem muito de Dixon dentro de você! É só saber usar!
– Não quero ter nada de você, seu velho prepotente, metido a filósofo barato, sou muito melhor que você, construí um império, sou milionário, e você, o que tem? Ah meu Deus, sente-se Dix! Nós vamos virar!

Capítulo Vinte e Um – Ser um Cidadão Honesto ou um Corrupto...

– Não! Não há o que temer! Olhe para esse mar! Eu sou o rei do mar!

– Você pirou, Dix! Por favor, pare!

– Não se preocupe, Jordan!

– Pare, por favor, pare!

– O que sua avó diria agora? Está com medo de um mar desses! Você é um garotinho chorão! Além de ser teimoso e egoísta, é chorão e tem medo de encarar a vida!

– Não fale da minha avó, seu velho cretino!

Jordan se levanta de uma vez e puxa Dixon para baixo, para que ele se abaixe. Aproveitando o impasse, manda-lhe um soco no rosto, deixando toda a sua raiva fluir por ouvir coisas que não eram mais verdades e para ver se Dixon para de agir tão imaturamente.

Dixon logo revida enquanto repete o quão teimoso Jordan é. A canoa é jogada de um lado para o outro pelas ondas gigantes, enquanto no céu escuro despencam raios por todos os lados. Trovões deixam o cenário ensurdecedor, e do mesmo jeito que aconteceu quando Jordan afundou o iate, ele não sabe o que fazer.

– Pare de machucar os outros! – Dixon continua gritando, devolvendo o soco em Jordan. – Tenha autocontrole!

– É você que está descontrolado aqui! Aliás, como você sabe meu nome?

Dixon sorri.

– Jordan Danvers ou Dix? Qual prefere?

E nesse instante, a canoa vira de uma vez só e os dois caem na água. Mais uma vez Jordan sente o pânico que sentiu no acidente, vendo toda aquela água furiosa levá-lo de um lado para o outro enquanto seus pulmões clamam por oxigênio.

Jordan!, uma voz grita.

E de repente, como se fosse sugado para cima, ele não está mais na água, está sendo levado para o ar. Lá embaixo ele vê Dixon boiar na água, sorrindo para ele, a canoa virada e a ilha lá longe, onde as pessoas vivem suas vidas. Por cima da tempestade, Jordan pode ver o sol raiar e o céu azul com um tom encantador. Sente um fio puxá-lo fortemente, um fio prateado, intenso.

Sente-se melhor do que estivera em muito tempo. Se antes pensara que estava feliz, nada poderia narrar sua felicidade. Parece leve, calmo, tranquilo e sossegado. Não consegue descrever toda a situação, sua cabeça está vazia, sem problemas, ansiedade, traumas ou angustias.

Ele fecha os olhos.

Capítulo Vinte e Dois

Somos o que Pensamos.

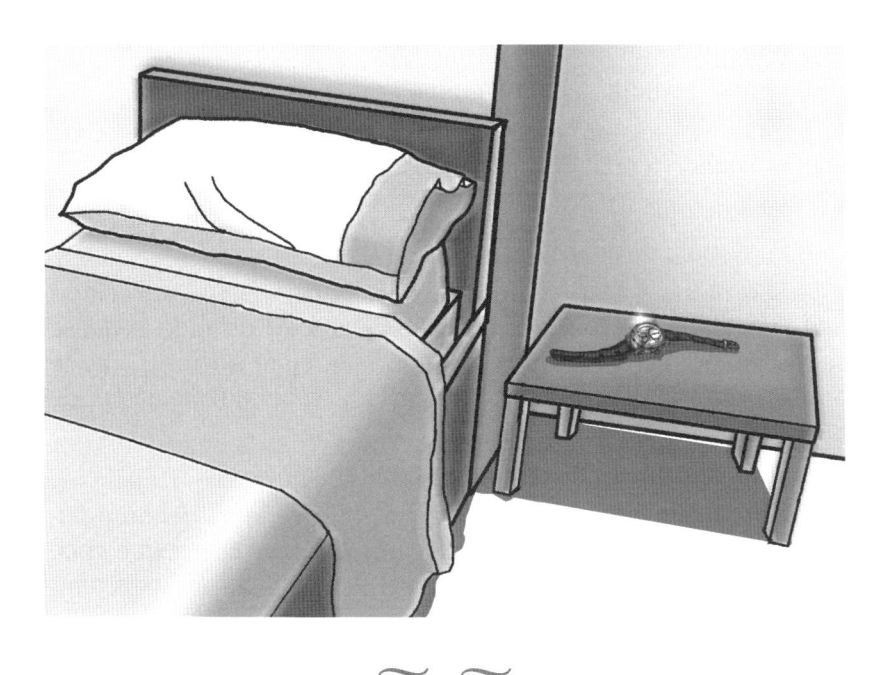

"Somos o resultado de nossas escolhas. Voltar a viver, simplesmente sobreviver ou morrer de tédio são pensamentos que se tornam ação. Eu crio o que quero para mim e assim torno-me verdadeiro, autor da minha própria história, escrevo com caneta firme que não se apagará jamais."

— Ah meu Deus, Jordan, você acordou! – uma porta se abre de repente, revelando uma mulher desesperada. – Eu vim assim que me ligaram!

Ele permanece em silêncio por um tempo, sem conseguir dizer nada. Tinha acordado há algum tempo, enfermeiros vieram medicá-lo e saíram sem dizer nada. Então surge Marie ali, preocupada, feliz e muito surpresa.

— Que dia é hoje? – ele pergunta, com a voz fraca.

Sondas de oxigênio saem do seu nariz e no seu pulso há uma agulha ligando a uma bolsa de soro.

— Sete de março.

— Eu dormi por quanto tempo?

— Seis meses – Marie parece querer chorar. – Seu... seu idiota! Seu mesquinho! Arrogante, egoísta! Quis fugir de tudo e quase se matou! Só me deixou preocupada! Eu... eu te odeio! E... eu te amo... – ela o abraça sem se conter, mesmo sabendo que não pode fazer isso.

— Você me ama? – ele arqueia as sobrancelhas.

— É claro que eu amo! Sempre amei, só você, mais nenhum outro homem! Não posso viver sem você, Jordan... Eu sei que você quer trabalhar, mas vamos mudar isso! Vamos todos ter mais tempo e vamos aproveitar nossas vidas...

— Está tudo bem, querida. Descobri muitas coisas, meu amor, muitas mesmo. O principal foi que a felicidade não é um destino, mas uma viagem. Somos felizes à medida que buscamos a nossa essência, o nosso melhor e o nosso pior. A felicidade é hoje, viver de forma verdadeira e sincera com nossos princípios. A felicidade é uma decisão pessoal e depende só de nós querermos, aceitar-nos e perdoar-nos. A felicidade é um passeio pela vida, temos nosso veículo, podemos ficar apreciando a paisagem pela janelinha ou pilotar e correr os riscos. A escolha será sempre nossa!

— Eu quero ficar com este novo Jordan, ele sim sabe ser filósofo e culto. – Marie ri com muita felicidade.

– Cadê as crianças? – pergunta Jordan arqueando as sobrancelhas daquele seu jeito preocupado.

– Em tratamento de desintoxicação... internados. Estão muito bem, eles têm me ajudado muito. Ficaram lá por opção, ajudando outros jovens que assim como eles se perderam no caminho. Estão cheios de planos para o futuro e mais unidos do que nunca, parecem irmãos siameses, só você vendo, se redescobriram como amigos e companheiros de viagem.

Jordan morde os lábios, preocupado. Apesar da tristeza, sabia que lá sempre fora a melhor opção.

– Nós vamos visitá-los juntos assim que eu tiver alta. Vai ser uma grande comemoração! Imagina, o pai deles acordou! Finalmente! Ah meu Deus, Marie, senti tanto a sua falta e de nossos filhos. Nós faremos tudo diferente, serei o pai que Vincent jamais imaginou ter. Hoje eu entendo como errei, ele é meu filho querido, muito parecido comigo, por isso foi tão difícil aceitar que ele era meu, meu filhinho que abandonei por ganância e medo de mim mesmo. E... ai... você está me machucando... – brinca com Marie que o aperta em seus braços.

– Ah, desculpa... – ela se afasta.– Como você pode acreditar que vai mudar?

– Dixon me mostrou muitos caminhos novos a seguir e Peter me alertou para o fato de que Vincent é meu filho e não de Elliot.

Ela o abraça de novo e lágrimas correm pela face dos dois. Não entende muita coisa e não faz questão de perguntar tudo de uma vez, sabe que terá bastante tempo.

– O que eu perdi nesse tempo? – Jordan pergunta.

– Eu contei para eles que eram irmãos do mesmo pai. No início houve certo desconforto, mas depois adoraram a ideia e ficaram muito felizes, me perdoaram, assim como você também está me perdoando. Calma, nós vamos ter todo o tempo do mundo para conversar sobre isso, está tudo bem. Tudo se resolveu. Só por favor, Jordan, não continue com aquela vida... Tenha tempo para a gente.

– Eu não me importo se não for milionário, eu só quero estar perto da minha família. Vai me amar até mesmo na pobreza? – brinca Jordan.

– Até que a morte nos separe.

– Divórcio cancelado?

– Divórcio cancelado. – Marie mal podia conter as lágrimas.

– Ótimo. O antigo Jordan pode ter ficado os últimos vinte anos longe, mas agora o Wilson chegou.

– Wilson?

– Como naquele filme, Náufrago.

– De onde você tirou isso? – ela não sabe se ri ou se chora.

– Vai saber. – ele riu também.

– Tantos anos de casado e você ainda me surpreende! Mas é isso que eu gosto em você. Estaremos juntos para sempre agora, você vai ver.

– Vamos sim.

Uma enfermeira entra no quarto e diz que precisará verificar a pressão de Jordan novamente. Marie se afasta, sem se importar. Ainda terá a vida inteira para ficar com Jordan, e era o que ela mais queria.

– Aqui, seu relógio. – a enfermeira aponta para o criado-mudo.

– Afinal, quem tem um Louis Moinet Magistralis não pode ficar longe dele nunca.

Jordan olha para o relógio e arqueia as sobrancelhas. Milhões de perguntas circulam em sua mente. O que tinha sido real nessa história toda? O que acontecera?

São tantas perguntas, tantos problemas, mas pela primeira vez na vida, Jordan se sente disposto a resolver sem traumas e encarar tudo de frente.

Olha para a mesinha de cabeceira e vê um livro com seu rosto na capa com o título:

O Homem que Pensou que Era Deus. Por Nancy Müller.

Ele deita sua cabeça no travesseiro e sente a alegria de ser finalmente um homem livre para recomeçar.

QUALITYMARK EDITORA

Entre em sintonia com o mundo

Quality Phone:
0800-0263311
ligação gratuita

Qualitymark Editora
Rua Teixeira Júnior, 441 - São Cristovão
20921-405 - Rio de Janeiro - RJ
Tel.: (21) 3295-9800
Fax: (21) 3295-9824
www.qualitymark.com.br
e-mail: quality@qualitymark.com.br

Dados Técnicos:

• Formato:	14 x 21 cm
• Mancha:	11 x 18 cm
• Fonte:	Optima LTStd
• Corpo:	11
• Entrelinha:	13
• Total de Páginas:	200
• 1ª Edição:	2014